ACTES

PASSES A UN CONGRÈS

DES ÉTATS-UNIS

DE

L'AMÉRIQUE,

Commencé & tenu dans la ville de New-Yorck,
le mercredi quatre Mars en l'année 1789,

ET LA TREIZIÈME

DE L'INDÉPENDANCE DES ÉTATS-UNIS.

Ces articles sont ceux passés à la première session du I.er
Congrès des États-Unis, savoir ; du New-Hampshire,
du Massachussetts, du Connecticut, du New-
Yorck, du New-Jersey, de la Pensilvanie, du
Delaware, du Maryland, de la Virginie, de
la Caroline-Sud, & de la Georgie ; lesquels onze
états ont ratifié respectivement la Constitution du gouvernement pour les États-Unis, proposée par la Convention féodale tenue à Philadelphie le 10 septembre 1787.

Traduits par M. HUBERT, avocat en Parlement.

A PARIS,

HÔTEL DE THOU, rue des Poitevins.

M. DCC. XC.

CONGRES

DES ÉTATS-UNIS.

DANS LA CHAMBRE DES REPRÉSENTANS.

Lundi 6 Juillet 1789.

Résolu que l'on fera précéder la publication des actes & la présente session du Congrès, par une copie correcte de la Constitution des États-Unis.

CERTIFIÉ.

Jean Beckley, greffier.

DANS LE SÉNAT.

Le 6 Juillet 1789.

Lu & concouru.

ATTESTÉ.

Samuel A. Otis, secrétaire.

Les Etats qui compofent l'Union américaine, n'avoient formé une confédération que pour s'oppofer avec plus de fuccès au danger commun dont ils étoient menacés par la Grande - Bretagne. A mefure que ce danger s'affoibliffoit, les liens de la confédération fe relâchoient; & déjà, avant la fin de la guerre, plufieurs états étoient guidés dans leurs mefures uniquement par des vues locales. La paix, en faifant difparoître toute idée du danger de la part d'un ennemi étranger, parut replacer chaque état à peu près dans la même fituation où ils étoient avant la revolution. Leurs intérêts s'ifolèrent, comme au temps où ils formoient des colonies

qui n'avoient aucun lien qui les réunît.
Ils avoient même un défavantage de
plus, étant privés d'un centre auquel
aboutiſſoient, fous la domination de la
Grande-Bretagne, toutes les opérations
qui concernoient leur commerce.

Les inconvéniens multipliés qui ré-
fultèrent de ce fyſtême, qui, fous l'ap-
pas trompeur d'une plus grande force
que chaque état fe flattoit d'acquérir
aux dépens d'un autre, ne tendoit qu'à
les affoiblir tous, frappèrent tous les
bons efprits dans les Etats - Unis.
L'anéantiſſement dont le commerce étoit
menacé, fut le mal auquel il parut le
plus preſſant de remédier. Les mefures
les plus propres à produire cet effet,
devoient néceſſairement être prifes d'un
commun accord. La chambre des repré-

sentans de l'état de Virginie arrêta dès 1785, de nommer des commissaires qui se rassemblassent avec ceux qui seroient désignés par d'autres états, pour former un système de réglemens de commerce qui pût être proposé à l'adoption des différentes législatures. La proposition des délégués de Virginie, d'accéder à la résolution, fut faite aux autres états. Plusieurs nommèrent en conséquence des commissaires, qui se rassemblèrent à Annapolis pendant l'été de 1786. Ces commissaires ne déterminèrent rien dans cette assemblée de relatif à son objet ; mais ils convinrent de recommander une convention générale, qui seroit tenue l'année suivante à Philadelphie, pour reformer plusieurs abus dans le système du gouvernement fédéral. Ils ouvroient par là une voie propre à conduire à un

plan d'un nouveau gouvernement général pour les Etats-Unis. La néceffité
en avoit plutôt été fentie que déclarée
par les commiffaires d'Annapolis. Mais
c'étoit le feul moyen d'obvier à tous
les défauts dont l'ancienne confédération étoit remplie , & qu'on ne pourroit
expofer fans entrer dans des détails qui
exigeroient un traité particulier.

Cette convention fut formée à Philadelphie, au mois de Mai 1787 , par des
délégués de tous les états, à l'exception de celui de Rhode-Ifland. Le général
Washington en fut nommé préfident.
Après quatre mois de délibérations tenues fecrettes , pour examiner & accorder les intérêts difcordans des différens
états , la convention détermina de recommander le plan de gouvernement

fédéral, qui forme la conftitution ac-
tuelle de l'Union américaine , en vertu
de laquelle les Etats-Unis font plutôt
confolidés en une maffe homogène ,
dont les intérêts font uniformes , que
confédérés pour quelque objet commun ,
tandis que la plus grande partie des intérêts n'auroient point de rapports , ou
ne feroient que s'entrechoquer.

La conftitution a été foumife dans
chaque état à l'examen du peuple formé
en convention générale , d'après la convocation de chaque légiflature , à l'exception du Rhode-Ifland, qui l'a foumife
à des conventicules par diftricts, où l'intérêt particulier a agi encore avec plus
de force. Il ne peut cependant pas tarder,
pour fon propre intérêt, de defirer d'y
être admis.

La conftitution n'a pas eu pour objet de déterminer toutes les loix, mais les principes. Elle a établi les bafes d'un gouvernement, en réfervant les détails pour les occafions & les circonftances qui en indiqueroient la néceffité & les moyens d'exécution. Chaque feffion du Congrès perfectionnera l'édifice qui a été fondé fur des bafes permanentes. Les changemens qui pourront y être faits, feront déterminés par la néceffité ou l'utilité. Le réfultat de la première feffion, commencée en mars, & terminée le 30 feptembre 1789, donne les efpérances les plus flatteufes du produit des travaux des hommes à qui le fort de l'Union eft confié. Plufieurs des loix que le Congrès a rendues dans cette feffion, forment une partie effentielle de l'organifation du gouvernement de l'Union. Le recueil qu'il a ordonné qui fût fait de toutes les loix fédérales, & à la tête defquelles la conftitution fe trouve placée, forme le commencement d'un code d'autant plus intéreffant, qu'il fera le produit de l'amour de la patrie, fecondé par les talens & guidé par l'expérience.

CONSTITUTION

DES ÉTATS-UNIS

DE L'AMÉRIQUE.

Nous, le Peuple des États-Unis, afin de former une plus parfaite union, d'établir la justice, de maintenir la tranquillité domestique, de pourvoir à la défense commune, de faire fleurir la félicité générale, & d'assurer les biens précieux de la liberté à nous-mêmes & à notre postérité, ordonnons & établissons cette Constitution pour les Etats-Unis de l'Amérique.

ARTICLE PREMIER.

Section I. Tous les pouvoirs législatifs accordés ici, seront confiés à un Congrès des

A

Etats-Unis, qui confiſtera en un ſénat & une chambre des repréſentans.

Section II. La chambre des repréſentans ſera compoſée de membres choiſis tous les deux ans par les habitans des différens états; & les électeurs dans chaque état auront les qualités requiſes pour des électeurs de la branche la plus nombreuſe de la légiſlature de l'état.

Nul ne pourra être repréſentant, s'il n'a atteint l'âge de vingt-cinq ans, s'il n'a été ſept ans citoyen des Etats-Unis, & s'il n'eſt, lors de ſon élection, habitant de l'état dans lequel il ſera choiſi.

Les repréſentans & les taxes directes ſeront repartis parmi les différens états qui pourront être compris dans cette union, ſuivant leur population reſpective. On la déterminera, en ajoutant au rang des perſonnes libres, où l'on comprendra celles engagées à ſervir pour un terme limité, & d'où l'on exclura les indiens non taxés, trois cinquièmes de toutes autres perſonnes. Ce dénombrement ſera fait ſous trois ans après la première aſſemblée du Congrès des Etats-Unis, & par la ſuite tous les dix ans,

de la manière & sous la forme que la loi
ordonnera. Le nombre des repréfentans n'excédera pas un pour chaque trente mille, mais
chaque état aura au moins un repréfentant ; &
jufqu'à ce qu'un tel dénombrement foit fait,
l'état du Newhampshire aura le droit d'en choifir
trois ; celui du Maffachuffetts, huit ; Rhode-
Ifland & les plantations de la Providence, un ;
le Connecticut, cinq ; le New-York, fix ; le
New-Jerfey, quatre ; la Penfilvanie huit ; le
Delawarre, un ; le Maryland, fix ; la Virginie,
dix ; la Caroline-Nord, cinq ; la Caroline-
Sud, cinq, & la Géorgie, trois.

Quand des places viendront à vaquer dans la
repréfentation de quelque état, le pouvoir
exécutif de cet état donnera des ordres d'élire
(*writs of election*), pour remplir ces places vacantes.

La chambre des repréfentans choifira fon
orateur (1 & fes autres officiers ; elle aura feule
le droit d'*impeachement* (2).

---

(1) L'orateur de la chambre des communes en
Angleterre, eft réellement le préfident fous une autre
dénomination ; il pofe les queftions & rappelle à l'ordre.
(2) On appelle en Angleterre *impeachement* tout

(4)

Section III. Le fénat des Etats - Unis ſera
compoſé de deux fénateurs de chaque état,
choiſis par la légiſlature de cet état, pour ſix
ans, & chaque fénateur aura une voix.

Dès qu'ils feront affemblés en vertu de la
première élection, ils feront divifés auffi également qu'il ſe pourra en trois claffes ; les ſièges
des fénateurs de la première claffe feront vacans
à l'expiration de la feconde année ; ceux de la
feconde claffe, à l'expiration de la quatrième
année, & ceux de la troifième claffe, à l'expiration de la fixième année, de façon qu'un
tiers puiffe être choifi tous les deux ans ; &
ſi quelque vacance arrive par démiffion, ou
autrement, durant le recès de la légiſlature
d'un état, le pouvoir exécutif de cet état y nommera provifoirement jufqu'à la prochaine tenue

---

procès intenté par le roi, la chambre des communes,
ou même tout particulier devant la chambre des
lords, & exclufivement jugé par eux. Il paroît qu'en
Amérique la chambre des repréſentans aura ſeule le
droit d'intenter ces fortes de procès, c'eſt-à-dire,
d'*empêcher* quelqu'un ; mais ces procès feront toujours
jugés par le fénat.

de la légiflature, qui remplira alors les places vacantes.

Nul ne fera fénateur s'il n'a atteint l'âge de trente ans, s'il n'a été neuf ans citoyen des Etats-Unis, & fi, lors de fon élection, il n'eft habitant de l'état pour lequel il fera choifi.

Le vice-préfident des Etats-Unis fera préfident du fénat, mais il n'aura pas de voix, à moins qu'elles ne foient également partagées.

Le fénat choifira fes autres officiers, & même un préfident *pro tempore* dans l'abfence du vice-préfident, ou lorfqu'il exercera les fonctions de préfident des Etats-Unis.

Le fénat aura feul le pouvoir de juger tous les cas d'*impeachement*. Quand les fénateurs fiégeront à ce fujet, ils prêteront ferment ou affirmation. Dans le cas où l'on procédera contre le préfident des Etats-Unis, le chef haut-jufticier préfidera. Nul ne fera déclaré atteint & convaincu fans le concours des deux tiers des membres préfens.

Les jugemens en cas d'*impeachement*, ne s'étendront pas plus loin qu'à la démiffion de l'office poffédé, & à une fentence qui déclarera incapable d'occuper & de remplir aucun emploi d'honneur , de confiance ou de profit sous les Etats - Unis ; mais la partie atteinte & convaincue n'en sera pas moins soumise & sujette à la plainte, au jugement, à la condamnation & à la peine suivant la procédure & les loix ordinaires.

Section IV. Les époques, les lieux & la manière de procéder aux élections des sénateurs & des représentans, seront réglés dans chaque état par la législature de cet état ; mais le Congrès pourra en tout tems, par un décret, changer ou modifier de tels réglemens , excepté quant aux lieux destinés à choisir les sénateurs.

Le Congrès s'assemblera au moins une fois par an ; & cette assemblée sera fixée au premier lundi de décembre, à moins que par une loi il ne fixe un autre jour.

Section V. Chaque chambre sera juge des élections, pouvoirs & qualités de ses propres membres, & une majorité de chacune formera un *quorum* (1), pour procéder aux affaires ;

____

(1) *Quorum* est un mot latin dont on se sert fréquemment en Anglois, pour désigner un nombre

mais un plus petit nombre pourra s'ajourner de tel jour à tel jour, & pourra être autorisé à forcer les membres abfens à venir siéger de telle manière & fous telle peine que chaque chambre le décidera.

Chaque chambre pourra déterminer les règles fous lefquelles elle procédera, punir fes membres, en cas de conduite malhonnête, & avec le concours des deux tiers expulfer un membre.

Chaque chambre tiendra un journal de fes délibérations & actes, & le publiera de tems en tems, en en exceptant telles chofes qu'elle jugera exiger le fecret; & les oui & non (1) des membres de l'une ou l'autre chambre, fur telle queftion que ce foit, feront enrégiftrés fur le journal, à la réquifition d'un cinquième des membres préfens.

Aucune des deux chambres, durant la feffion du Congrés, ne s'ajournera, fans le con-

---

de députés ou de commiffaires fuffifant pour agir. Par exemple, dans un comité de fept perfonnes quatre forment un *quorum*.

(1) Manière la plus ordinaire de donner fon fuffrage fur-tout dans les matières graves.

A 4

fentement de l'autre, à un plus long délai que trois jours & dans aucun autre lieu que celui dans lequel le deux chambres feront féantes.

Section VI. Les Sénateurs & repréfentans recevront pour leurs fervices une compenfation qui fera fixée par une loi et payée du tréfor des Etats-Unis. Pour aucun cas, excepté trahifon, félonie & violation de la paix, on ne pourra les arrêter durant leur fervice à la feffion de leur chambre refpective, pendant qu'ils s'y rendront & qu'ils retourneront au lieu de leur réfidence ; & pour aucun difcours ou débat dans l'une ou l'autre chambre, on ne pourra leur demander aucun compte ailleurs que dans cette même chambre.

Aucun Sénateur ou repréfentant ne pourra, durant l'efpace de temps pour lequel il a été élu, être nommé à aucun emploi civil fous l'autorité des Etats-Unis qui auroit été créé, ou dont les émolumens auroient été augmentés pendant cet efpace de tems ; & perfonne, occupant un emploi fous les Etats-Unis, ne pourra être membre de l'une ou l'autre chambre, tant qu'il continuera d'occuper cet emploi.

Section VII. Tout bill pour lever des revenus , doit fortir originairement de la chambre
des repréfentans ; mais le fénat pourra y con-
courir pour les amendemens ou en propofer
comme pour les autres bills.

Tout bill qui aura paffé dans la chambre
des repréfentans & dans le fénat, fera, avant
de devenir loi , préfenté au au préfident
des Etats - Unis ; s'il l'approuve , il le fignera , finon il le renverra avec fes objections à la chambre dans laquelle il aura été
propofé. Cette chambre enregiftrera tout au
long les objections fur fon journal , & procédera à examiner le bill de nouveau ; fi après
cette révifion les deux tiers de la chambre s'accordent pour que le bill paffe, on l'enverra
ainfi que les objections à l'autre chambre pour
y être également revifé ; & fi les deux tiers
de cette chambre l'approuvent auffi , alors il
deviendra loi. Mais dans tels cas les voix dans
les deux chambres feront prifes par oui & non,
& les noms des perfonnes votantes pour ou
contre le bill feront enregiftrées fur le journal
de leur chambre refpective. Si un bill préfenté au préfident, n'eft pas renvoyé par lui
dans l'efpace de dix jours, dimanches exceptés,

il deviendra loi comme s'il l'avoit figné, à moins que le Congrès en s'ajournant à plus long terme, ne mette obftacle à fon renvoi, auquel cas, il n'auroit pas force de loi.

Tout ordre, réfolution ou délibération auxquels le concours du fénat & de la chambre des repréfentans fera néceffaire (excepté les queftions d'ajournement) feront préfentés au préfident des Etats-Unis &, avant qu'ils puiffent être mis à exécution, feront approuvés par lui, ou s'il les défapprouve feront revifés par les deux tiers du fénat & de la chambre des repréfentans, fuivant les règles & les reftrictions prefcrites dans le cas d'un bill.

Section VIII. Le Congrès aura le pouvoir d'établir, percévoir des taxes, des droits, des impôts & des accifes pour payer les dettes & pourvoir à la défenfe commune & au bien général des Etats-Unis ; mais tous droits, impôts & accifes feront uniformes par tous les Etats-Unis.

D'emprunter de l'argent fur le crédit des Etats-Unis.

De faire des réglemens pour le commerce

avec les nations étrangères, entre les différens états & avec les tribus Indiennes.

D'établir une régle uniforme de naturalisation, & des loix uniformes au sujet des banqueroutes, par tous les Etats-Unis.

De battre monnoie, d'en régler la valeur ainsi que celle des monnoies étrangères, & de fixer l'étalon des poids & des mesures.

De pourvoir à la punition de ceux qui contreferoient les effets publics & la monnoie courante des Etats-Unis.

D'établir des bureaux de postes & des routes de postes.

D'encourager les progrès des sciences & des arts, en assurant pour des tems limités aux auteurs & aux inventeurs le privilége exclusif de leurs intérêts et de leurs découvertes.

D'établir des tribunaux inférieurs à la cour suprême.

De déterminer & punir les pirateries & félonies commises en haute-mer & les offenses contre le droit des gens.

De déclarer la guerre, d'accorder des lettres de marque & de représailles & de faire des réglemens concernant les prises sur terre & sur mer.

De lever & d'entretenir des armées; mais aucune appropriation d'argent pour cet ufage n'aura lieu pour un plus long terme que deux ans :

D'établir & d'entretenir une marine.

De faire des réglemens pour le gouvernement & l'adminiftration des forces de terre & de mer.

De pourvoir à la convocation des milices pour mettre à exécution les loix de l'union, reprimer les infurrections & repouffer les invafions.

De pourvoir à organifer, armer & difcipliner les milices, & en régir telle partie qui pourra être employée activement au fervice des Etats-Unis. Refervant à chaque Etat refpectivement la nomination des officiers & le pouvoir de former les milices felon la difcipline prefcrite par le Congrès.

D'exercer la légiflation exclufive dans tous les cas quelconques furtel diftrict (n'excédant pas dix mille en quarré) qui deviendra par la ceffion des Etats particuliers & l'acceptation du Congrès, le fiége du gouvernement des Etats-Unis, & d'exercer une autorité pareille fur tous les lieux achetés, du confenrement de la légiſlature de l'Etat, dans les limites duquel ſeront ces lieux, pour l'érection des forts, des magaſins, des arſenaux, des chantiers & des autres bâtimens néceſſaires.

Et de faire toutes les loix néceſſaires & convenables pour mettre en exécution tous les pouvoirs ci deſſus énoncés & tous les autres pouvoirs dont cette Conſtitution inveſtit le gouvernement des Etats-Unis, ou aucun de ſes départemens ou de ſes officiers.

Section IX. L'immigration (1) on introduction de toutes perſonnes que aucun des états actuellement exiſtans jugera à propos d'admettre ne ſera pas prohibé par le Congrès avant l'année mil huit cent huit ; mais une taxe ou droit pourra être impoſé ſur cette introduction, pourvu que cette taxe ou droit n'excéde pas dix dollars (2) par perſonne.

---

(1) Ce terme a été introduit exprès pour régler l'introduction des nègres.

(2) Le dollar vaut à peu près cent huit ſols de notre monnoie.

Le privilége des lettres *d'habeas corpus* (1) ne sera suspendu que dans les cas de rébellion ou quand la sûreté publique pourra l'exiger.

Aucun bill de proscription ni loi *ex post-facto* (2) ne sera passé.

On ne pourra mettre de capitation ou autre taxe directe à moins qu'elle ne soit répartie proportionnellement au cens ou dénombrement ordonné ci-dessus.

Nulle taxe ou droit ne sera imposé sur des articles exportés d'aucun état; nulle préférence ne sera accordée par aucun réglement de commerce ou de revenu, aux ports d'un état sur ceux d'un autre; nul vaisseau chargé pour ou par un état, ne sera obligé de faire de déclaration, acquitter ou payer des droits dans un autre.

Aucun argent ne sera tiré du tréso r qu'en

---

(1) La loi *d'habeas corpus* prévient qu'un citoyen ne puisse être arrêté sans un décret, & prescrit que tout homme arrêté doit être examiné par un juge dans les vingt-quatre heures. Elle donne aussi en Angleterre le droit à tout homme arrêté dans quelque lieu du royaume que ce soit, de se faire conduire à Londres dans la prison du banc du roi.

(2) *Ex post facto* Law : loi pour offenses passées.

vertu d'appropriations fixées & ordonnées par la
loi ; & un état régulier , & un compte des
recettes & dépenses du trésor public sera publié
de tems en tems.

Aucun titre de nobleffe ne sera accordé par
les Etats-Unis ; & perfonne occupant fous eux
un emploi de confiance ou de profit , ne pourra,
fans le confentement du Congrès, accepter aucun préfent , émolument , emploi ou titre d'aucune efpèce quelconque , d'aucun roi, prince
ou état étranger.

Section X. Aucun état n'entrera en traité ;
alliance ou confédération ; n'accordera de lettres de marque, ou de repréfailles ; ne battra
monnoie ; ne mettra en circulation de billets
de crédit ; ne rendra obligatoire l'offre d'aucune
chofe (1) , que des efpèces courantes d'or
& d'argent ; ne paffera aucun bill de profcription,
ni loi d'*ex poft-facto* , ni loi altérant l'obligation des contrats , ni n'accordera aucun titre
de nobleffe.

---

(1) Il exiftoit des loix qui contraignoient à recevoir
en paiement les papiers-monnoie & autres billets publics fur des offres réelles.

Aucun état ne pourra, fans le confentement du Congrès, mettre aucun impôt ou droit fur les importations & les exportations, excepté ce qui fera abfolument néceffaire pour fubvenir aux frais qu'entraîneront fes loix de police & de furveillance; & le produit net de tous droits & impôts mis par tout état fur les importations ou exportations, fera pour le tréfor des Etats - Unis; & toutes ces fortes de loix feront foumifes à la révifion & au contrôle du Congrès.

Aucun état ne pourra, fans le confentement du Congrès, impofer aucun droit de tonnage; tenir des troupes fur pied ou des vaiffeaux de guerre en tems de paix; entrer en aucun accord ou pacte avec un autre état, ou avec une puiffance étrangère; ou entrer en guerre, à moins qu'il ne foit attaqué réellement où en un danger affez preffant, pour n'admettre aucun délai.

Article II.

Section Iere. Le pouvoir exécutif fera conféré à un préfident des Etats-Unis d'Amérique. Il occupera cet emploi durant l'efpace

de

de quatre ans, & il fera, ainſi que le vice-préſident, choiſi pour le même terme, élu comme ci-après.

Chaque état choiſira, ſuivant les formes que la légiſlature de cet état preſcrira, un nombre d'électeurs, égal au nombre réuni de ſénateurs & de repréſentans, auquel cet état aura droit dans le Congrès; mais aucun ſénateur ou repréſentant, ou perſonne occupant un emploi de confiance ou de profit, ſous les Etats-Unis, ne ſera nommé électeur.

Les électeurs s'aſſembleront dans leur état reſpectif, & nommeront par ſcrutin deux perſonnes deſquelles une au moins ne ſera pas habitante du même Etat qu'eux; ils feront une liſte de toutes les perſonnes nommées, & du nombre de ſuffrages que chacun aura obtenus. Ils ſigneront & certifieront cette liſte, & la feront paſſer toute ſcellée au ſiége du gouvernement des Etats-Unis, ſous l'adreſſe du préſident du ſénat. Le préſident du ſénat ouvrira tous les certificats en préſence du ſénat & de la chambre des repréſentans, & les ſuffrages feront alors comptés. La perſonne ayant le plus grand nombre de ſuffrages ſera préſident, ſi ce nombre forme une majorité du nombre entier d'électeurs nommés ; & s'il y en a plus d'une, qui ait une telle majorité, & qui ait un nombre égal de suffrages, alors la chambre des représentans choisira immédiatement, par la voie du scrutin, l'une d'elles pour président ; & si personne n'a de majorité, alors la même chambre choisira de la même manière le président parmi les cinq qui réuniront le plus de suffrages. Mais en choisissant le président, les suffrages seront pris par états ; la représentation de chaque état formant un suffrage. Un *quorum*, à ce dessein, ne pourra consister de moins d'un ou de plusieurs membres des deux tiers des états, & une majorité de tous les états sera nécessaire pour le choix d'un président. Dans tous les cas, après le choix du président, la personne, ayant le plus grand nombre de suffrages des électeurs, sera vice-président ; mais s'il en restoit deux ou plus, qui aient un nombre égal de suffrages, le sénat choisira le vice-président parmi elles, par la voie du scrutin.

Le Congrès pourra déterminer le tems de choisir les électeurs, & le jour où ils donneront leurs suffrages, lequel jour sera le même pour tous les Etats Unis.

Nul, excepté un naturel né citoyen, ou un citoyen des Etats-Unis, à l'époque de l'adoption de cette constitution, ne sera éligible à l'office de président; nul ne sera non plus éligible à cet office, à moins d'être parvenu à l'âge de 35 ans, & d'avoir été 14 ans résident dans les Etats-Unis.

En cas de mort, de démission volontaire ou forcée du président, ou d'incapacité à remplir les fonctions & les devoirs de son office, lesdites fonctions & lesdits devoirs seront dévolus au vice-président; & le Congrès pourra pourvoir, par une loi, au cas de privation d'office, de mort, de démission ou d'incapacité du président & du vice-président à la fois, déclarant quel officier remplira alors les fonctions de président, & cet officier les remplira en conséquence, jusqu'à ce que l'incapacité cesse, ou qu'un nouveau président soit élu.

Le président recevra pour ses services, à des époques déterminées, une compensation qui ne sera ni augmentée, ni diminuée, durant la période de tems, pour laquelle il aura été élu, & il ne recevra, durant cette période, aucun autre émolument des Etats-Unis, ni d'aucun d'entr'eux.

B 2

Avant d'entrer dans les fonctions de son office, il prêtera le serment ou affirmation ci-après :

« Je jure (ou j'affirme) solemnellement de
» remplir fidellement l'office de président des
» Etats-Unis, & de faire usage de tout mon
» pouvoir pour conserver, protéger & défendre
» la constitution des Etats-Unis ».

Section II. Le président sera commandant en chef de l'armée & de la marine des Etats-Unis, ainsi que des milices des différens états, quand elles seront appellées au service effectif des Etats-Unis ; il pourra demander l'opinion par écrit de l'officier principal de chacun des départemens exécutifs, sur tout objet relatif aux fonctions de leur office respectif, & il aura le pouvoir d'accorder des répis & des pardons pour offenses contre les Etats-Unis, excepté dans le cas d'*impéachement*.

Il aura le pouvoir, avec, & par l'avis & consentement du sénat, de faire des traités, pourvu que ce soit avec le concours des deux tiers des sénateurs présens ; il proposera, & avec, & par l'avis & consentement du sénat, nommera les ambassadeurs, les autres ministres

publics & confuls, les juges de la cour fuprème ;
& tous les autres officiers des Etats-Unis, à la
nomination defquels cette conftitution n'a point
pourvu d'une autre manière, & qu'elle fixera
par une loi. Mais le Congrès peut, par un
décret, inveftir le préfident feul, les cours de
juftice ou les chefs de départemens, du droit
de nommer tels officiers inférieurs qu'il jugera
à propos.

Le préfident aura le pouvoir de remplir toutes les places qui pourront venir à vaquer durant le recès du fénat, en accordant des commiffions qui finiront avec la prochaine feffion
du fénat.

Section III. Il fera connoître de tems en
tems au Congrès l'état de l'union ; il recommandera à fa confidération telles mefures qu'il
jugera néceffaires & convenables ; il pourra,
dans les occafions extraordinaires, convoquer
les deux chambres ou l'une d'elles, & en cas
qu'elles ne foient pas d'accord fur l'article de
l'ajournement, il les ajournera lui – même à
l'époque qu'il jugera à propos ; il recevra *les*
ambaffadeurs & les autres miniftres publics ;
il veillera à ce que les loix foient fidellement

exécutées, & accordera les commiffions à tous les officiers des Etats-Unis.

Section IV. Le préfident, vice-préfident & autres officiers civils des Etats - Unis, feront démis de leur office, par la voie d'*impéachement*, pour & fur conviction de trahifon, corruption, ou autres malverfations & crimes capitaux.

A R T I C L E   I I I.

Section I. Le pouvoir judiciaire des Etats-Unis fera conféré à une cour fuprême, & à autant de cours inférieures que le Congrès voudra par la fuite en ordonner & en établir. Les juges de la cour fuprême, ainfi que ceux des cours inférieures, conferveront leurs offices tant qu'ils fe comporteront convenablement, & recevront à des époques fixes, pour leurs fervices, une compenfation, qui n'éprouvera aucune diminution, tant qu'ils refteront dans leur office.

Section II. Le pouvoir judiciaire s'étendra à tous les cas, dans le droit & dans l'équité (1)

____

(1) La cour d'équité ou de chancellerie en Angle-

qui se rapporteront à cette conftitution, aux loix des Etats-Unis, & aux traités faits ou à faire fous leur autorité ; à tous les cas regardant les ambaffadeurs, les autres miniftres publics & les confuls ; à tous les cas d'amirauté & de jurifdic-tion maritime ; aux différends dans lefquels les Etats-Unis feront partie ; aux différends entre deux ou plufieurs états, entre un état & les ci-toyens d'un autre état, entre les citoyens de dif-férens états, entre les citoyens du même état, réclamant des terres octroyées par différens états ; & entre un état, ou les citoyens de ce état, & des états, citoyens ou fujets étrange ...

Dans tous les cas regardant les ambaffadeurs, les autres miniftres publics, & les confuls, & dans ceux où un état fera partie, la cour fuprême aura une jurifdiction primaire : dans tous les auttes cas fus-énoncés, la cour fuprême aura jurifdiction d'appel quant au droit & quant au fait, avec telles exceptions & tels réglemens que le Congrés ordonnera.

I.e procès de tous les crimes, excepté dans

---

terre, eft un tribunal qui juge, non felon la loi écrite, mais felon l'équité.

les cas d'*impeachement*, ſe fera par jurés, & ce
procès ſera ſuivi dans l'état où leſdits crimes au‑
ront été commis; mais s'ils n'ont été commis
dans les limites d'aucun état, le jugement ſe
rendra ſur le lieu ou les lieux que le Congrés
aura fixés par une loi.

Section III. La trahiſon contre les Etats‑Unis
conſiſtera ſeulement à leur ſuſciter la guerre, à
ſe joindre à leurs ennemis, ou leur donner aide
& aſſiſtance. Nul ne ſera convaincu de trahiſon
ſans la dépoſition de deux témoins du même dé‑
lit annonçant trahiſon, ou ſans ſon aveu en
pleine audience.

Le Congrès aura le pouvoir de déterminer le
châtiment de la trahiſon, mais aucune ſentence
de trahiſon n'entraînera infamie ou forfaiture,
que durant la vie de la perſonne condamnée.

ARTICLE IV.

Section I. On accordera dans chaque état une
foi pleine & entière aux actes publics, aux regiſ‑
tres & aux procédures judiciaires de tout autre
état, & le Congrés pourra, par des loix géné‑
rales, ordonner de quelle manière l'évidence de

ces actes, regiftres & procédures devra fe prouver, & l'effet qu'ils entraîneront.

Section II. Les citoyens de chaque état auront droit aux privilèges & immunités de citoyens dans les différens états.

Une perfonne accufée dans un état, de trahifon, félonie ou autre crime, qui aura fui pour
fe dérober à la juftice, & que l'on retrouvera
dans un autre état, fera, fur la demande du pouvoir exécutif de l'état d'où elle aura fui, livrée,
pour être conduite dans l'état qui devra connoître
du crime.

Nulle perfonne engagée pour tel temps de fervice ou de travail dans un état, fous la fanction
des loix de cet état, ne pourra, en fe fauvant
dans un autre, être déchargée en vertu d'aucune loi ou d'aucun réglement de cet autre état,
de fon fervice ou de fon travail, mais elle fera
rendue à la requifition de celui à qui fon fervice ou fon travail pourra être dû.

Section III. De nouveaux états pourront être
admis par le Congrés dans cette union; mais
aucun nouvel état ne fera formé ou érigé dans
la jurifdiction d'aucun autre état, ni aucun
nouvel état ne fera formé par la jonction de

deux ou plufieurs états ou portions d'état, fans le confentement des légiflatures des états inté-reffés, & fans celui du Congrès.

Le Congrès pourra faire toutes les regles & tous les réglemens néceffaires relativement au territoire & aux autres propriétés appartenantes aux Etats-Unis, il pourra auffi en difpofer, & rien, dans cette conftitution, ne fera interprété de manière à porter préjudice à aucun droit des Etats-Unis, ou d'aucun état particulier.

Section IV. Les Etats-Unis garantiront à chaque état, dans cette union, une forme répu-blicaine de gouvernement, & ils protégeront chacun d'eux contre les invafions, &, fur la requifition du pouvoir légiflatif ou de l'exécutif (quand la légiflature ne pourra être affemblée) contre les violences domeftiques.

Article V.

Le Congrès, toutes les fois que deux tiers des deux chambres le jugeront néceffaire, pro-pofera des amendemens à cette conftitution, ou, fur la requifition des légiflateurs de deux tiers des différens états, convoquera une convention (1) pour propofer des amendemens, &; dans l'un & l'autre cas, ces amendemens feront valides & légaux, comme partie de cette confti-tution, quand ils feront ratifiés par les légifla-tures, ou par les conventions de trois quarts des différens états, fuivant que le Congrès pro-pofera l'un ou l'autre mode de ratification ; pourvu qu'aucun amendement fait antérieure-ment à l'année mil huit cent huit, ne touche en aucune manière à la première & quatrième claufes de la neuvième fection du premier article; & qu'aucun état fans fon confentement ne foit privé de fon fuffrage égal dans le fénat.

Article VI.

Toutes dettes & tous engagemens contractés avant l'adoption de cette conftitution, feront aufli valides contre les Etats-Unis fous cette conftitution, que fous la confédération.

Cette conftitution & les loix des Etats-Unis

---

(1) Convention, affemblée fédérative de plufieurs perfonnes dans un état, ou de plufieurs états réunis, & dont l'objet eft toujours de propofer, agréer ou rejetter quelque point de légiflation.

qui feront faites en conféquence, & tous les traités faits ou qui feront faits fous l'autorité des Etats Unis, feront la loi fuprême du pays, & les juges, dans chaque état, feront tenus de s'y conformer, nonobſtant tout ce qui pourroit fe trouver dans la conſtitution ou dans les loix d'aucun état, de contraire à cette loi fuprême.

Les fénateurs, les repréſentans, les membres des légiſlatures des différens états, & tous les officiers exécutifs ou judiciaires, foit des Etats-Unis, foit des différens états, s'engageront par ferment ou affirmation à maintenir cette conſti-tution; mais aucun ferment concernant la reli-gion ne fera jamais exigé comme condition né-ceſſaire pour occuper aucun office ou emploi pu-blic fous les Etats-Unis.

A R T I C L E V I I.

La ratification par les conventions de neuf états, fera fuffifante pour l'établiſſement de cette conſtitution entre les états qui l'auront ratifiée.

Fait en convention du confentement unanime des états préfens, le dix - feptième jour de fep-tembre de l'année du feigneur mil fept cent quatre-

vingt-*sept*, *& la douzième de l'indépendance des Etats-Unis de l'Amérique. En foi de quoi nous avons tous signé.*

GEORGE WASHINGTON, préfident
& député de la Virginie.

New - Hampshire. { Jean Langdon.
Nicolas Gilman.

Maffachuffetts. . . { Nathaniel Gorham.
Rufus King.

Connetticut. . . . { Guillaume Samuël Johnfon.
Roger Sherman.

New-York. . . . . . Alexandre Hamilton.

New-Jerfey. . . . . { Guillaume Livingfton.
David Bréarly.
Guillaume Patterfon.
Jonathan Dayton.

Penfilvanie. . . . . { Benjamin Franklin.
Thomas Mifflin.
Robert Morris.
George Clymer.
Thomas Fitzfimons.
Jared Ingerfoll.
Jacques Wilfon.
Gouverneur Morris.

Delaware. . . . .
- George Réad.
- Gunnig Bedford junior.
- Jean Dickinson.
- Richard Baffett.
- Jacob Broom.

Maryland. . . . .
- James M'henry.
- Daniël de St. Thomas Jenifer
- Daniël Carrol.

Virginie. . . . .
- Jean Blair.
- Jacques Madifon junior.

Caroline - Nord. . .
- Guillaume Blount.
- Richard Dobbs Spaight.
- Hugues Williamfon.

Caroline - Sud. . . .
- Jean Rutledge.
- Charles Cotefworth Pinkney.
- Charles Pinkney.
- Pierre Butler.

Georgie. . . . .
- Guillaume Few.
- Abraham Baldwin.

Attefté.

GUILLAUME JACKSON, fecrétaire.

EN CONVENTION.

Lundi 17 Septembre 1787.

PRESENTS.

Les états de New-Hampshire, de Maſſachuſ-ſetts, de Connecticut, M. Hamilton de la part de New-York, de New-Jerſey, de Penſilvanie, de Delaware, de Maryland, de Virginie, de la Caroline-Nord, de la Caroline-Sud & de Georgie.

RESOLU.

Que la Conſtitution ci-deſſus ſoit préſentée aux Etats-Unis aſſemblés en Congrès, & que l'opinion de cette convention eſt que la conſtitution ſoit enſuite ſoumiſe dans chaque état à une convention de délégués, choiſis dans chaque état par ſes habitans, ſous la recommandation de ſa légiſlature, pour y être conſentie & ratifiée & que chaque convention en la conſentant & ratifiant, en donne auſſi-tôt avis aux Etats-Unis aſſemblés en Congrès.

Réſolu que c'eſt l'avis de cette convention, qu'auſſi tôt que les conventions de neuf états auront ratifié cette conftitution, les Etats-Unis affemblés en Congrès fixent un jour où des électeurs foient choifis par les états qui l'auront ratifiée, un autre jour où les électeurs s'affemblent pour donner leurs fuffrages pour le choix d'un préfident, & enfin le lieu & l'époque où l'on commencera à procéder aux affaires fous cette conftitution ; que après une telle publication, les électeurs foient nommés & les fénateurs & repréfentans élus; que les électeurs s'affemblent le jour fixé pour l'élection du préfident, & faffent paffer leurs fuf. frages certifiés, fignés, fcellés & adreffés, comme la Conftitution le prefcrit, au fécrétaire des Etats-Unis affemblés en Congrès ; que les fénateurs & les repréfentans s'affemblent au lieu & au tems fixé ; que les fénateurs choififfent un préfident du fénat à l'effet feulement de recevoir, ouvrir & compter les fuffrages, & qu'après qu'il fera choifi, le Congrès, de concert avec le préfident, procède fans délai à l'exécution de cette Conftitution.

Par l'ordre unanime de la convention.

GEORGE WASHINGTON, préfident;
GUILLAUME JACKSON, fecrétaire.

EN

EN CONVENTION.

---

17 septembre 1787.

MONSIEUR,

Nous avons actuellement l'honneur de soumettre à la considération des États-Unis assemblés en Congrès cette Constitution qui nous a paru la plus convenable.

Les amis de notre pays ont long-tems senti qu'il étoit désirable & ont désiré que le pouvoir de faire la guerre, la paix & les traités, celui de lever des impôts & de régler le commerce, & ces deux pouvoirs correspondans, l'exécutif & le judiciaire, fussent pleinement & formellement conférés au gouvernement gé-

C

néral de l'union ; mais l'impropriété de con-
fier un dépôt d'une telle étendue à un seul
corps d'hommes, est évidente. De là résulte
une nécessité d'une organisation différente.

Il est évidemment impraticable dans le gouvernement fédératif de nos Etats, d'assurer tous
les droits de souveraineté indépendante à chacun, & néanmoins de pourvoir à la sûreté &
à l'intérêt de tous. Des individus entrant en
société doivent sacrifier une portion de leur
liberté pour conserver le reste ; la grandeur
du sacrifice doit dépendre autant de la situation & des circonstances que de l'objet à obtenir. Il est difficile dans tous les tems de tirer
avec précision la ligne de démarcation entre
les droits que l'on doit sacrifier & ceux que
l'on peut conserver ; & dans l'occasion présente
la difficulté étoit encore augmentée par la
différence qui existe entre les divers états
quant à leur situation, leur étendue, leurs
usages & leurs intérêts particuliers.

Dans toutes nos délibérations à ce sujet nous
avons toujours eu en vue ce qui nous paroît devoir le plus cher intérêt de tout vrai Américain,

la confolidation de notre union à laquelle
eft attachée notre propriété , notre félicité,
notre fûreté , peut être notre exiftence natio-
nale. Cette importante confidération , gravée
fortement & profondément dans nos efprits,
a engagé chaque état dans la convention à
être moins rigide fur les points fécondaires que
fans cela on auroit pu l'efpérer ; ainfi la Conftitution que nous préfentons aujourd'hui eft le
réfultat d'un efprit d'amitié , de déférence &
de condefcendance mutuelle que la fingularité de
notre fituation politique rendoit indifpenfable.

Nous ne devons pas efpé   peut-être que
cette Conftitution obtienne l'approbation pleine
& entiere de chaque état ; mais chacun d'eux
confidérera fans doute que fi fes intérêts feuls
euffent été confultés , les fuites auroient pu en
être très-nuifibles & défagréables aux autres ;
que cette conftitution foit d'ailleurs fufceptible
d'aufli peu d'objections qu'on devoit raifonna-
blement s'y attendre , c'eft ce que nous efpé-
rons & ce que nous croyons ; qu'elle puiffe
procurer le bien-être durable de ce pays qui
nous eft fi cher à tous , & affurer fa liberté &
fon bonheur, voilà notre fouhait le plus ardent.

C 2

Nous avons l'honneur d'être avec un profond respect,

MONSIEUR;

De votre Excellence;

Les plus humbles & obéissans serviteurs,

GEORGE WASHINGTON, président.

Par l'ordre unanime de la convention.

A son Excellence
le Président du Congrès.

ACTES
DU CONGRÈS.

CHAPITRE PREMIER.

*Actes pour régler le tems & la manière de faire
prêter certains sermens.*

SECTION PREMIÈRE.

QU'IL *soit passé en acte* OU DECRETÉ
par le sénat & les représentans des Etats-Unis
d'Amérique, assemblés en Congrès, que le
serment, ou l'affirmation exigée par le sixième
article de la constitution des Etats - Unis,
sera prêté dans la formule suivante. Savoir :
« Moi, *A.... B....,* je jure ou j'affirme so-
» lemnellement (suivant le cas) de maintenir
» la constitution des Etats-Unis. ». L'un des
membres du sénat fera prêter au président du
sénat ledit serment ou l'affirmation sous trois
jours, après la passation de cet acte; & celui-

Serment
pour main-
tenir la consti-
tution des
Etats - Unis.
Sa formule.

On le fera
prêter sous 3
jours au pré-
sident, aux
membres &

C ;

au secrétaire du sénat, & aux membres & au greffier de la chambre des représentans.

ci le fera prêter à tous les membres & au secrétaire ; & l'orateur de la chambre des représentans le fera prêter à tous les membres qui n'ont pas prêté ce serment en vertu d'une résolution particulière de ladite chambre, & au greffier ; & en cas d'absence de quelque membre de l'une ou l'autre chambre dans le tems prescrit pour prêter ledit serment ou l'affirmation, on le lui fera prêter, lorsqu'il viendra prendre séance.

Section II. Et qu'il soit en outre décrété (1) qu'à la première session du Congrès, après

Aux membres du sénat & de la chambre des représentans élus à l'avenir ; & dans quel tems.

chaque élection générale des représentans, un des membres de la chambre des représentans fera prêter le susdit serment ou l'affirmation à l'orateur, lequel le fera prêter à tous les membres présens & au greffier, avant que d'entamer aucune autre affaire, & aux membres qui arriveront ensuite, avant qu'ils prennent

---

(1) Je me suis servi du mot *décrété* au lieu de ceux de *passé en acte*, parce qu'il rendoit plus clair le sens des phrases suivantes, quoique je sache que le mot d'acte convienne mieux, parce qu'il désigne le consentement des trois parties contractantes dans lesquelles réside le gouvernement.

leur fiége. Le préfident du fénat, alors d'office; fera pareillement prêter ledit ferment ou l'affirmation à chaque fénateur élu à l'avenir, avant qu'il prenne fon fiége; & en cas, par la fuite, qu'un préfident du fénat n'ait pas prêté ledit ferment ou l'affirmation, un des membres du fénat le lui fera prêter.

Section III. Et *qu'il foit en outre décrété* que les membres des légiflatures des différens états, aux prochaines feffions defdites légiflatures, & tous les officiers exécutifs & judiciaires des différens états qui ont été choifis ou nommés jufqu'ici, ou qui le feront avant le premier août prochain, & qui feront alors en exercice de leurs offices, prêteront dans l'efpace d'un mois, à compter du premier. août le même ferment ou l'affirmation, en exceptant ceux qui l'auront prêté auparavant, lequel ferment fera prêté entre les mains de toute perfonne autorifée à l'exiger par la loi de l'état où l'on fera revêtu de fon office. Et les membres des légiflatures des différens états, & tous les officiers exécutifs & judiciaires de ces états, qui feront choifis ou nommés après le premier août, prêteront, avant de commencer à remplir les fonctions de leurs offices , le fufdit ferment ou l'affirmation , entre les mains de la perfonne ou des perfonnes autorifées par la loi de l'état, à faire prêter le ferment d'office ; & la perfonne ou les perfonnes faifant ainfi prêter le ferment requis ici , en tiendront un regiftre ou un certificat dans la forme que la loi de cet état lui ou leur preferira d'enregiftrer ou de certifier le ferment d'office.

Section IV. Et *qu'il foit en outre décrété* que tous les officiers déjà nommés ou qui le feront par la fuite fous l'autorité des Etats Unis, prêteront , avant que d'exercer un feul acte de leur office , le même ferment ou la même affirmation entre les mains de la perfonne ou des perfonnes qui feront autorifées par la loi à faire prêter à chaque officier fon ferment d'office. Et ces officiers encourront , en cas de prévarication de leur part, les peines qui leur feront impofées par la loi en cas de prévarication, en cevant leur ferment d'office.

Section V. Et *qu'il foit en outre décrété* que le fecrétaire du fénat & le greffier de la chambre des repréfentans , lors de l'époque où l'on prêtera le fufdit ferment ou l'affirmation , prêteront chacun un ferment ou une affirmation en ces termes, favoir : « Moi *A. B.* fecrétaire du fénat » ou greffier de la chambre des repréfentans » des Etats-Unis de l'Amérique, (fuivant le » cas) je jure ou j'affirme folemnellement de » remplir fincérement & fidellement les fonc- » tions de mondit office du mieux que mes » connoiffances & mes talens me le permet- » tront. »

FREDERICK AUGUSTE MULHEMBERG, orateur de la chambre des repréfentans.

JEAN ADAMS, vice-préfident des Etats-Unis, préfident du fénat.

Approuvé le 1er. juin 1789.

GEORGE WASHINGTON , préfident des Etats-Unis.

____

CHAPITRE II.

Acte pour impoſer un droit ſur les productions, denrées & marchandiſes importées dans les Etats-Unis.

Section Iere. D'autant qu'il eſt néceſſaire pour le maintien du gouvernement , le paiement des dettes des Etats-Unis , & l'encouragement & la protection des manufactures , que des droits ſoient impoſés ſur les productions, denrées & marchandiſes importées.

Qu'il ſoit paſſé un acte par le ſénat & la chambre des repréſentans des Etats-Unis d'Amérique , aſſemblés en Congrès. Que du & après le premier août prochain , les différens droits ci-après énoncés feront impoſés ſur les ſuivantes productions, denrées & marchandiſes importées dans les Etats-Unis , de tout port ou ville étrangère , ſavoir :

Sur toute liqueur diſtillée à l'épreuve, de la Jamaïque , & importée de tout royaume , ou pays quelconque , par gallon (1), *dix cents* (2).

Sur tous autres esprits
distillés, par gallon..... *huit cents.*

Sur les mélasses, par gal-
lon.................. *deux cents & demi.*

Sur les vins de Madère ,
par gallon............. *dix - huit cents.*

Sur tous autres vins, par
gallon................ *dix cents.*

Sur chaque gallon de
bierre , aile ou porter , en
baril .... *cinq cents.*

Sur tout cidre , bierre ,
aile ou porter , en bouteil-
les, par douzaine....... *vingt cents.*

Sur la drèche , par bois-
seau.................. *dix cents.*

Sur certains
articlesénon-
cés.

---

(1) *Gallon* , mesure angloise qui équivaut à quatre
de nos pintes. Les liqueurs qui s'expédient pour la
Jamaïque , sont de 20 à 22 degrés.

(2) *Cent* , nouvelle monnoie de cuivre américaine,
qui revient à un peu plus d'un sol tournois ; c'est la cen-
tième partie d'un dollar. Le dollar vaut à peu près cent
huit sols de notre monnoie.

Le dollar varie à l'égard de la monnoie de France,
selon le change. *Voyez* Section XVIII. la fixation de
la proportion de la livre tournois en cent.

Sur la caſſonade, par
livre . . . . *un cent.*

Sur les ſucres en pains,
par livre. . . . . *trois cents.*

Sur tous autres ſucres,
par livre . . . . *un cent & demi.*

Sur le café, par livre. . *deux cents & demi.*

Sur le cacao, par livre. . *un cent.*

Sur les chandelles , par
livre. . . . . *deux cents.*

Sur les bougies de cire
ou de blanc de baleine,
par livre . . . . *ſix cents.*

Sur le fromage, par liv. *quatre cents.*

Sur le ſavon , par livre . *deux cents.*

Sur les bottes , par paire. *cinquante cents.*

Sur tous ſouliers, pan-
toufles ou galoches faites
de cuir, par paire. . . . . . . *ſept cents.*

Sur tous ſouliers ou pan-
toufles faites de ſoie ou
d'étoffe , par paire. . . . . . *dix cents.*

Sur les cables, par cha-
que cent douze livres. . . . *ſoixante-quinze cents.*

Sur les cordages non goudronnés & sur les bi-tords, par chaque cent douze livres............ *quatre-vingt-dix cents.*

Sur les fils tords & ficelles, par chaque cent douze livres............... *deux cens cents.*

Sur l'acier non travaillé, par chaque cent douze liv. *cinquante-six cents.*

Sur tous les clous, grands & petits, par livre...... *un cent.*

Sur le sel, par boisseau. *six cents.*

Sur le tabac fabriqué, par livre................ *six cents.*

Sur le tabac en poudre, par livre............. *dix cents.*

Sur l'indigo, par livre.. *seize cents.*

Sur les cardes à laine & à coton, par douzaine. .. *cinquante cents.*

Sur le charbon, par boisseau.................. *deux cents.*

Sur le poisson salé, par baril................. *soixante-quinze cents.*

Sur le poisson sec, par quintal............... *cinquante cents.*

Sur les thés importés de l'Inde ou de la Chine.

Sur tous les thés importés de la Chine ou de l'Inde sur des vaisseaux construits dans les Etats-Unis, & appartenans à un ou à plusieurs citoyens des états, ou sur des vaisseaux ou navires construits en pays étranger, & devenus avant & le 16 mai dernier inclusivement, la propriété pleine & entière d'un ou plusieurs citoyens des Etats-Unis, & continuant à l'être jusqu'au tems de l'importation, comme il suit :

Sur le thé bohéa, par livre. . . . . *six cents.*

Sur tous les thés sou-chong & autres thés noirs, par livre . . . . *dix cents.*

Sur tous les thés hyfom, par livre . . . . *vingt cents.*

Sur tous les autres thés verds, par livre. . . . . *douze cents.*

Sur les thés importés d'Europe.

Sur tous les thés importés d'Europe sur des vaisseaux ou navires construits dans les Etats-Unis, & appartenans entièrement à un ou plusieurs citoyens, ou sur des vaisseaux ou navires construits en pays étranger, & devenus avant & le 16 mai dernier, inclufivement la propriété pleine & entière d'un ou de plufieurs citoyens des Etats - Unis , & continuant à l'être jufqu'au tems de l'importation , comme il fuit :

Sur le thé bohéa , par livre................. *huit cents.*

Sur tous les thés fou-chon & autres thés noirs , par livre.............. *treize cents.*

Sur tous les thés hyfom, par livre............. *vingt-fix cents.*

Sur tous les autres thés verds , par livre........ *feize cents.*

Sur tous les thés importés d'aucune autre ma-nière que ci-deffus , comme il fuit :

Sur le thé bohéa, par liv. *quinze cents.*

Sur tous les thés fou-chong ou autres thés noirs, par livre.............. *vingt-deux cents.*

Sur tous les thés hyfom, par livre.............. *quarante - cinq cents.*

Sur tous .les autres thés verds , par livre........ *vingt-fept cents.*

Sur toutes productions , denrées & marchan-difes , autres que les thés , importées de la

Sur toutes autres pro-

Chine ou de l'Inde, fur des vaiffeaux non-conftruits dans les Etats-Unis, & n'appartenant pas entièrement à un ou plufieurs citoyens; ou fur des vaiffeaux conftruits en pays étrangers, & qui ne font point devenus avant & le 16 mai dernier inclufivement, la propriété pleine & entière d'un ou plufieurs citoyens des Etats-Unis, ou qui n'ont point continué à l'être jufqu'au tems de l'importation...... Douze & demi , *per centum ad valorem.*

Sur tous les miroirs , vitres & autres verres (excepté les bouteilles de pinte de verre brun............

Sur toutes les porcelaines & vaiffelles de terre & de grès................

Sur la poudre à canon.....

Sur toutes couleurs broyées à l'huile.............

Sur toutes les boucles de fouliers & de jarretières; fur les galons d'or & d'argent, & fur l'or & l'argent en feuilles....

} *dix pour cent de la valeur.*

Sur

Sur tous les livres blancs (*non écrits*).

Sur tous les papiers à écrire, à imprimer, à envelopper, papiers de tenture & cartons.

Sur toutes les ébénisteries..

Sur tous les boutons.....

Sur toutes les felles.......

Sur tous les gants de peau.

Sur tous les chapeaux de caftor, fourrures, laines ou mélanges d'aucune de ces matières...............

Sur toutes les marchandises de mode toutes faites......

Sur toute espèce de fer coulé, & sur le fer roulé & coupé................

Sur tous les cuirs tannés ou apprêtés, & fur toutes les peaux fabriquées, excepté celles qui feront taxées différemment...............

fept & demi pour cent de la valeur.

Sur les cannes, bâtons &
fouets.......................

Sur les articles de fripperie.

Sur toutes les broffes.

Sur les vaiffelles d'or, d'argent & plaquées, & fur les
ouvrages de jouaillerie, pier-
res de compofition........

Sur les ancres & fur les vaiffelles d'étain, & tout étain
travaillé................

*fept & demi pour
cent de la valeur.*

Sur les cartes à jouer, par jeu..... *dix cent.*

Sur tout caroffe coupé ou
autre voiture à quatre roues,
& fur toute chaife, *folo* ou
autre voiture à deux roues,
ou pièces de ces voitures.

*quinze pour cent.
de la valeur.*

Sur toutes
autres mar-
chandifes,
excepté cer-
tains articles
5 pour cent
de la valeur
lors & au-lieu
de leur im-
portation.

Toutes autres productions, denrées & marchandifes acquitteront cinq pour cent de leur
valeur, lors & dans le lieu de leur importation, excepté les articles fuivans : Le falpê-
tre, l'étaim en faumons, l'étaim en lames,

(51)

le plomb, le vieil étaim, le cuivre , les fils
de fer & d'archal , le cuivre en plaques, la
laine, le coton , les bois & drogues à teinture ,
les cuirs verds crus, le caftor & toutes les autres
fourrures & peaux de bêtes fauves.

Section II. Et qu'il foit en outre décrété
par l'autorité fufdite, qu'à compter du &
après le premier décembre 1790, il fera impofé fur chaque cent douze livres, pefant de
chanvre, un droit de 60 cents ; & fur chaque
livre pefant de coton, un droit de 3 cents.

Section III. Et qu'il foit décrété par l'auto-
rité fufdite, que tous les droits payés, ou pour
le paiement defquels on aura fourni caution
fur telles des fufdites productions, denrées &
marchandifes, excepté fur les efprits diftillés ,
autres que le genièvre & l'eau-de-vie , feront
remis & reftitués fur telles defdites productions, denrées & marchandifes qui, dans l'efpace de douze mois, après le paiement effectué
ou la caution fournie , feront exportées dans
tout autre pays, hors des limites des Etats-
Unis, fuivant qu'elles ont été fixées par le dernier traité de paix , excepté cependant un pour

cent fur le montant defdits droits, en confidération de la dépenfe réfultante de l'entrée & de
la garde des marchandifes.

Section IV. Et *qu'il foit décrété par l'autorité
fufdite*, Que pour chaque quintal de poiffon fec
& pour chaque baril de poiffon falé des pêcheries des Etats-Unis, & pour chaque baril
des provifions falées des Etats-Unis, exportés
dans tout autre pays hors des limites des Etats,
les primes fuivantes feront allouées pour tenir
lieu d'une remife des droits impofés fur l'importation du fel employé dans ces falaifons,
favoir :

Pour chaque quintal
de poiffon fec .... cinq cents.
Pour chaque baril
de poiffon falé, ... cinq cents.
Pour chaque baril
de provifions falées .... cinq cents.

Section V. Et *qu'il foit en outre décrété par
l'autorité fufdite,* Qu'un efcompte de dix pour
cent, fur les droits impofés par cet acte, fera
alloué pour toutes marchandifes, productions ou

denrées qui feront importées fur des navires
conftruits dans les Etats-Unis & qui appartiendront entièrement à un ou plufieurs citoyens,
ou fur des navires conftruits en pays étranger,
mais devenus avant & le feize mai dernier inclufivement, la propriété pleine & entiere d'un
ou plufieurs citoyens des Etats-Unis & qui
continueront à l'être jufqu'au tems de l'importation.

*Section VI. Et qu'il foit en outre décrété par
l'autorité fufd.te*, que cet acte vaudra & aura
force de loi jufqu'au premier juin de l'année
de notre-feigneur mil fept cent quatre-vingt-
feize, & de ce jour jufqu'à la fin de la feffion fuivante du Congrès lors prochaine , & pas
plus.

Durée de
l'acte.

FREDERICK AUGUSTE MUHLENBERG,
orateur de la chambre des repréfentans.

JEAN ADAMS , vice-préfident des
Etats-Unis & préfident du fénat.

Approuvé ce 1er. juin 1789 ,

GEORGE WASHINGTON , préfident
des Etats-Unis.

D 3

CHAPITRE III.

Acte établiffant des droits de tonnage.

Section Iere. Qu'il foit paffé en acte par le fénat & la chambre des repréfentans des Etats-Unis d'Amérique affemblés en Congrès. Que les droits fuivans feront & font par ce préfent décret établis fur tous vaiffeaux ou navires entrant dans les Etats-Unis. C'eft-à-dire :

Sur tous vaiffeaux ou navires conftruits dans les Etats - Unis & appartenans entiérement à un ou plufieurs citoyens; ou bien conftruits hors des Etats - Unis, mais avant & y compris le 29 mai 1789, devenus la propriété, & durant tout le tems que ces vaiffeaux ou navires continueront d'être la propriété d'un ou plufieurs citoyens des Etats-Unis, fix cents par tonneau. Sur tous vaiffeaux ou navires conftruits par la fuite dans les Etats-Unis, appartenans en totalité ou en partie à des fujets de puiffances étrangères, trente cents par tonneau. Sur tous autres vaiffeaux ou navires, cinq cents par tonneau.

Section II. Pourvu toujours, & que ceci soit décrété, qu'aucun vaisseau ou navire, construit dans lesdits états & appartenant à un ou plusieurs citoyens, ne paiera jamais, tant qu'il sera employé au cabotage ou aux pêcheries, le droit de tonnage plus d'une fois par an.

Aucun vaisseau employé au cabotage ou aux pêcheries, ne payera le droit de tonnage plus d'une fois par an.

Section III. Et qu'il soit en outre décrété que tout vaisseau ou navire servant à transporter quelque production ou effet manufacturé des Etats Unis, & cabotant dans lesdits états, paiera à chaque déclaration dans les ports des états, cinquante cents par tonneau, à moins que ce vaisseau ou navire n'ait été construit dans lesdits états & n'appartienne à un ou plusieurs citoyens.

Droit de tonnage sur les vaisseaux étrangers employés au cabotage.

Section IV. Et qu'il soit en outre décrété que cet acte commencera à avoir lieu, & sera en vigueur le & après le quinze août prochain.

Epoque du commencement de l'acte

FREDERICK AUGUSTE MUHLENBERG, orateur de la chambre des représentans.

JEAN ADAMS, vice-président des Etats - Unis, & président du sénat.

Approuvé le 20 juillet 1789.

GEORGE WASHINGTON, président des Etats-Unis.

D 4

CHAPITRE IV.

Acte pour établir un département exécutif, sous le nom de département des affaires étrangères.

Secrétaires des affaires étrangères.

Section Ire. Qu'il soit passé en acte par le sénat & la chambre des représentans des États-Unis d'Amérique, assemblés en Congrès, qu'il sera établi un département exécutif sous le nom de département des affaires étrangères, & qu'à la tête de ce département sera un officier principal sous le nom de secrétaire du département des affaires étrangères, lequel secrétaire remplira les fonctions, qui de tems à autre lui seront enjointes ou confiées par le président des États-Unis, conformément à la constitution ; & ces fonctions seront relatives à des correspondances, commissions ou instructions pour ou avec les ministres publics ou consuls des États-Unis, ou à des négociations avec les ministres publics des états ou princes étrangers, ou à des mémoires ou autres requêtes des ministres publics ou des particuliers étrangers, ou enfin à tout autre objet concernant les affaires étrangères, que le président des États-Unis

affignera audit département; & en outre, que
ledit officier principal adminiftrera les affaires
dudit département, de la manière que le préfident
des Etats-Unis lui enjoindra ou recommandera
de tems à autre.

Section II. Et qu'il foit en outre décrété qu'il
y aura dans ledit département un officier inférieur que ledit officier principal nommera & em-
ploiera comme il le jugera à propos; & cet officier inférieur fera appellé commis en chef du
département des affaires étrangères; & toutes les
fois que ledit officier principal fera privé de fon
office par le préfident des Etats Unis, ou dans
tout autre cas de vacance, ledit commis en
chef, durant cette vacance, aura la charge &
garde de tous les regiftres, livres & papiers appartenans audit département.

Section III. Et qu'il foit en outre décrété que
ledit officier principal, & toute autre perfonne
qui fera nommée par commiffion, ou employée
dans ledit département, prêtera, avant que d'entrer dans les fonctions de fon office ou emploi,
un ferment ou une affirmation de remplir bien
& fidelement la charge qui lui eft commife.

Commis en chef.

Ses fonctions

Serment d'office.

Le fecrétaire aura la charge & garde des papiers, &c. du département des affaires étrangères.

Section IV. Et qu'il foit en outre décrété que le fecrétaire du département des affaires étrangères qui fera nommé en vertu de cet acte, aura droit, auffi-tôt après fa nomination, de prendre la garde & charge de tous les regiftres, livres & papiers du fecrétariat du département des affaires étrangères, établi précédemment par les Etats-Unis affemblés en Congrès.

FRÉDÉRICK-AUGUSTE MUHLENBERG, orateur de la chambre des repréfentans.

JEAN ADAMS, vice-préfident des Etats-Unis, & préfident du fénat.

Approuvé le 27 Juillet 1789.

GEORGE WASHINGTON, préfident des Etats-Unis.

CHAPITRE V.

Acte pour régler la perception des droits impofés par la loi fur le tonnage des vaiffeaux ou navires, & fur les productions, denrées & marchandifes importées dans les Etats-Unis.

Section Iere. Qu'il foit paffé en acte par le fénat & la chambre des repréfentans des Etats-Unis d'Amérique, affemblés en Congrès, que pour la perception convenable des droits impofés par la loi fur le tonnage des vaiffeaux ou navires, & fur les productions, denrées & marchandifes importées dans les Etats-Unis, il fera choifi & nommé des diftricts, des ports & des officiers de la manière fuivante; favoir :

L'Etat de Newhampshire formera un diftrict qui comprendra la ville de Portfmouth comme feul port d'entrée (1), & les villes de Newcaftle, Douvres & Exeter, comme ports de li-

Expofé

Diftricts &
ports dans le
Newhamps-
hire.

---

(1) L'entrée (*entry*) fignifie ici la déclaration que le capitaine de tout navire eft obligé de faire à la douane, de ce qu'il a fur fon bord, & l'enrégiftrement enfuite de cette déclaration. Ainfi, les ports principaux

vraifon feulement ; mais tous vaiffeaux ou navires chargés pour ou par l'un defdits ports de
livraifon, feront tenus d'amener, faire leur entrée & acquitter d'abord à Portsmouth ; & un
officier de marine, un receveur & un infpecteur pour ledit diftrict, feront nommés pour réfider à Portsmouth.

Diftricts &
ports dans le
Maffachuffet L'état de Maffachuffet formera vingt diftricts
& ports d'entrée. Savoir : Newbury-Port, Glou-
cefter, Salem & Beverley, comptant pour un
feul port ; Marblehead, Bofton & Chârleftown
pour un feul port, Plimouth, Barnftable, Nantucket, Edgartown, Newbedford, Dighton,
Yorck, Biddeford & Papperelborough, pour un
feul port ; Portland & Falmouth pour un feul port,
Bath, Wifcaffet, Penobfcot, Frenchman'sbay,
Machias & Paffamaquody. Au diftrict de Newbury-Port, feront annexés les villes ou lieux de
débarquement d'Almsbury, Salisbury & Haver-
hill, qui feront ports de livraifon feulement, &

———————————————

de chaque diftrict, feront ports d'entrée & de déclaration ; les autres feront ports de livraifon feulement.
On fent que cela a pour but de diminuer les frais de
douane & le nombre d'officiers employés à la perception des droits.

un receveur, un officier de marine & un inspecteur pour le diftrict, feront nommés pour réfider à Newbury-Port. Au diftrict de Gloucefter
fera annexé la ville de Manchefter, comme port
de livraifon feulement ; & un receveur & un
infpecteur feront nommés pour réfider à Gloucefter. Au diftrict de Salem & Béverley feront
annexés les lieux de débarquement ou villes de
Danvers & Ipfwick, comme ports de livraifon
feulement, & un receveur, un officier de marine,
& un infpecteur pour le diftrict, feront nommés
pour réfider à Salem, ainfi qu'un infpecteur pour
réfider dans chacune des villes de Beverley &
d'Ipfwich. Au diftrict de Marblehead, fera annexé la ville de Lynn, comme port de livraifon
feulément, & un receveur pour le diftrict fera
nommé pour réfider à Marblehead. Au diftrict
de Bofton & Charleftown, feront annexés les
lieux de débarquement ou villes de Medford,
Cohaffet & Hingham, comme ports de livraifon feulement, & un receveur, un officier de
marine & un infpecteur feront nommés pour
réfider à Bofton. Au diftrict de Plymouth feront
annexés les lieux de débarquement ou villes de
Scituate, Duxbury & Kingfton, comme ports de
livraifon feulement ; & un receveur pour le dif-

trict fera nommé pour réfider à Plymouth. Au diftrict de Barnftable feront annexés les lieux de débarquement ou villes de Sandwich, Harwich, Wellfleet, Province-Town & Chatam, comme ports de livraifon feulement; & un receveur pour le diftrict fera nommé pour réfider à Barnftable. Dans le diftrict de Nantucket. Le port de Sherbourne fera le feul port d'entrée & de livraifon du diftrict; & un receveur fera nommé pour réfider à Sherbourne. Au diftrict d'Edgar - Town fera annexée Falmouth, comme port de livraifon feulement, & un receveur fera nommé pour réfider à Edgard Town. Au diftrict de Newbedford feront annexés Weftport, Rochefter & Warcham, comme ports de livraifon feulement; & un receveur pour le diftrict, fera nommé pour réfider à Newbedford. Au diftrict de Dighton feront annexés Swanfey & Freetown, comme ports de livraifon feulement; & un receveur pour le diftrict fera nommé pour réfider à Dighton. Au diftrict d'Yorck feront annexés Kittery & Berwick, comme ports de livraifon feulement; & un receveur pour le diftrict fera nommé pour réfider à Yorck. Au diftrict de Biddeford & Pepperelboroug, feront annexés Scarborough, Wells, Kennebunk, & Cape-Por-

poife, comme ports de livraifon feulement ; &
un receveur pour le diftrict fera nommé pour
réfider à Biddeford. Au diftrict de Portland &
Falmouth feront annexés Northyarmouth &
Brunfwich, comme ports de livraifon feulement ;
& un receveur & un infpecteur pour le diftrict
feront nommés pour réfider à Portland. Au diftrict de Bath, feront annexés Hallowel, Pitftown,
& Topsham, comme ports de livraifon feulement ; & un receveur pour le diftrict fera nommé
pour réfider à Bath. Au diftrict de Wifcaffel feront annexés Briftol, Boothbay & Waldobo-
rough, comme ports de livraifon feulement ; &
un receveur pour le diftrict fera nommé pour
réfider à Wifcaffet. Au diftrict de Penobfcot
feront annexés Thomaffon, Frankfort, Sedg-
wick-Point, & Deer-Ifland, comme ports de
livraifon feulement ; & un receveur pour le
diftrict fera nommé pour réfider à Penobfcot.
Au diftrict de Frenchman'sbay fera annexé
Union-River comme port de livraifon feulement ; & un receveur pour le diftrict fera nommé pour réfider à Frenchman'sbay. Pour chacun
des diftricts de Machias & de Paffamaquody ;
il fera nommé un receveur pour réfider dans
chacun defdits ports de Machias & de Paffa-

maquody. Le diſtrict de Newbury-Port comprendra toutes les eaux & tous les rivages, depuis l'état de Newhampshire, juſqu'à la ligne nord d'Ipſwich. Le diſtrict de Glouceſter comprendra toutes les eaux & tous les rivages embraſſés par les villes de Glouceſter & de Mancheſter. Le diſtrict de Salem & de Beverley comprendra toutes les eaux & tous les rivages embraſſés par les villes de Ipſwich, Beverly, Salem & Danvers. Le diſtrict de Marblehead comprendra toutes les eaux & tous les rivages embraſſés par les villes de Lynn & de Marblehead. Le diſtrict de Boſton & de Charleſtown comprendra toutes les eaux & tous les rivages des comtés de Middleſex & de Suffolk. Le diſtrict de Plimouth comprendra toutes les eaux & tous les rivages du comté de Plymouth, en en exceptant les villes de Watcham & de Rocheſter. Le diſtrict de Barnſtable comprendra toutes les eaux & tous les rivages du comté de Barnſtable, en en exceptant la ville de Falmouth. Le diſtrict de Nantucket comprendra l'iſle de Nantucket. Le diſtrict d'Edgartown comprendra toutes les eaux & tous les rivages du comté de Dukeſcounty & de la ville de Falmouth. Le diſtrict de New-Bedford comprendra toutes les

eaux

eaux & tous les rivages embraſſés par les villes
de New-Bedford, Dartmouth, Weſtport, Rocheſter & Warcham, ainſi que toutes les iſles
du comté de Briſtol. Le diſtrict de Dighton
comprendra toutes les eaux & tous les rivages
ſur la rivière de Taunton, & dans la ville de Rehoboth & les receveurs des différens diſtricts dans
cette partie de l'état de Maſſachuſſetts, à l'eſt du
Newhamphshire, conviendront auſſi-tôt que faire
ſe pourra, d'une ligne de démarcation entre leurs
diſtricts reſpectifs, & en feront paſſer le plan
au contrôleur de la tréſorerie; & les diſtricts
ainſi diviſés comprendront toutes les eaux, les
iſles & tous les rivages renfermés dans leurs
limites reſpectives.

L'état du Connecticut formera trois diſtricts;
ſavoir : Newlondon, Newhaven en Fairfield. Le
diſtrict de Newlondon s'étendra depuis la ligne
eſt dudit état de Connecticut, juſqu'à la ligne
oueſt de la ville de Killingſworth, & au nord,
juſqu'à la ligne ſud de l'état de Maſſachuſſetts,
& comprendra les différentes villes ou les différens lieux de débarquement de Norſwich, Stonington, Groton, Lyme Scabrook, Haddam,
eſt Haddam, Middletown, Chatham, Weat-

E

hersfield , Glatenburg , Hartford , eft Hartford
& Killingsworth , comme ports de livraifon feulement ; Newlondon fera le feul port d'entrée ;
& un receveur & un infpecteur pour le diftrict ,
feront nommés pour réfider à Newlondon , & un
infpecteur pour réfider dans chacun des ports de
Stonington & de Middletown. Le diftrict de
Newhaven s'étendra depuis la ligne oueft du
diftrict de Newlondon , jufqu'à la rivière d'Ou-
zatumnick , à l'oueft. Il comprendra les différentes villes ou différens lieux de débarquement
de Guilford , Brandford , Milford & Derby ,
comme ports de livraifon feulement , Newhaven
fera le feul port d'entrée ; un receveur pour le
diftrict fera nommé pour réfider à Fairfield &
Newlondon ; Newhaven & Fairfield feront chacun refpectivement port d'entrée.

L'Etat de New-York formera deux diftricts ;
favoir : Sagg-Harbour fur la Naffau , ou Long-
ifland , & la ville de New-York , chacune defquelles fera port d'entrée ; le diftrict de Sagg-
Harbour comprendra toutes les baies , les havres ,
rivières & rivages embraffés dans les deux
pointes de terres , appellées la pointe d'Oyfter-
Pond , & la pointe de Montauk ; & un rece-

veur pour le diſtrict ſera nommé pour réſider à
Sagg-Harbour, qui ſera la ſeule ville de livraiſon dans ledit diſtrict. Le diſtrict de la ville
de New-York comprendra la partie des côtes,
rivières, baies & havres dudit Etat, qui n'eſt
pas compriſe dans le diſtrict de Sagg-Harbour,
& de plus, les différentes villes ou différens
lieux de débarquement de New-Windſor, New-
burgh, Pough Keepſie, Eſopus, Hudſon, Kin-
derkook & Albany, comme ports de livraiſon
ſeulement; & un officier de marine, un receveur
& un inſpecteur pour le diſtrict ſeront nommés
pour réſider dans la ville de New-York; ainſi
que deux inſpecteurs, dont l'un réſidera dans
la ville d'Albany, & l'autre dans la ville d'Hudſon; & tous les vaiſſeaux ou navires chargés pour
ou par l'un des ports de livraiſon de ce dernier
diſtrict, ſeront obligés d'amener, faire leur entrée, & acquitter dans la ville de New-York.

L'Etat de New-Jerſey formera trois diſtricts;
ſavoir: Pert-Hamboy, Burlington & Bridgetown,
qui ſeront chacun ports d'entrée. Le diſtrict de
Pert-Hamboy comprendra toute la partie de l'E-
tat de New-Jerſey, connue ſous le nom de New-
Jerſey de l'eſt (en en exceptant la partie qui

Diſtricts &
ports dans la
New-Jerſey.

E 2

eft ci-après comprife dans le diftrict de Burlington) ainfi que toutes les eaux de cette partie,
auparavant dans la jurifdiction dudit Etat ;
dans ce diftrict, les villes & lieux de débarquement de New Brunfwick, Middletown-Point;
Elifabeth-Town & Newark, feront ports de
livraifon feulement; & un receveur pour le diftrict fera nommé pour réfider à Pert-Amboy.
Le diftrict de Burlington comprendra cette partie dudit état, connue fous le nom de New-
Jerfey de l'oueft, & qui eft fituée à l'eft & au
nord de la province de Gloucefter, ainfi que les
eaux de cette partie, auparavant dans la jurifdiction dudit état, en y comprenant la rivière
& l'entrée de Little-Egg-Harbour avec les eaux
qui s'y déchargent, & la côte de la mer, le détroit, les anfes, les embouchures & les havres,
depuis le bras de Barnegat jufqu'à ceux de Bri-
gantine. Dans ce diftrict, les lieux de débarquement de Lamberton & de Little-Egg-Harbour,
feront ports de livraifon feulement; & un receveur pour le diftrict fera nommé pour réfider
à Little-Egg-Harbour. Le diftrict de Bridgetown comprendra les provinces de Gloucefter,
Salem, Cumberland & Capemay (excepté la
partie de la province de Gloucefter, qui eft com-

prise dans le diſtrict de Burlington) & toutes leurs eaux auparavant dans la juriſdiction dudit Etat, & la ville de Salem, le Port Elizabeth, ſur la Rivière-Maurice, & l'attérage de Stiwell ſur le Great-Egg-Harbour ſeront ports de livraiſon ſeulement; & un receveur pour le diſtrict ſera nommé & réſidera à Bridgetown.

L'état de Penſilvanie formera un ſeul diſtrict, & Philadelphie en ſera le ſeul port d'entrée & de livraiſon tout à la fois; & un officier de marine, un receveur & un inſpecteur pour le diſtrict ſeront nommés pour réſider audit port de Philadelphie.

Diſtrict &
port de Penſilvanie.

L'Etat de Delaware formera un ſeul diſtrict, & le bourg de Wilmington ſera le port d'entrée, Newcaſtle & le port Penn y ſeront annexés comme ports de livraiſon ſeulement; & un receveur pour le diſtrict ſera nommé pour réſider audit port de Wilmington.

Diſtrict &
ports dans le
Delaware.

L'Etat de Maryland formera neuf diſtricts; ſavoir : Baltimore, Cheſter, Oxford, Vienna, Snowhill, Annapolis, Nottingham, Nangemay & George-Town. Le diſtrict de Baltimore com-

Diſtricts &
ports dans le
Maryland.

prendra les rivières de Patapſes, Suſquehannah, & Elk, ainſi que toutes les eaux & les rivages ſur la côte occidentale de le baie de Cheſa-peake, depuis l'embouchure de la rivière Ma-getty, juſqu'à la rive ſud de la rivière d'Elk, incluſivement; le Havre de Grace & Elkton y ſeront ports de livraiſon ſeulement; & un offi-cier de marine, un receveur & un inſpecteur ſeront nommés pour ledit diſtrict, & réſideront à Baltimore, qui ſera le ſeul port d'entrée. Le diſtrict de Cheſter comprendra la rivière de Cheſter, & toutes les eaux & les rivages ſur la côte orientale de la baie de Cheſapeake, depuis la rive ſud de la rivière d'Elk, juſqu'à la rive nord de la baie Eaſtern & de la rivière de Wye, excluſivement; George-Town, ſur la rivière de Saſſafras, ſera port de livraiſon ſeulement; & un receveur pour le diſtrict ſera nommé pour réſider à Cheſter, qui ſera le ſeul port d'entrée. Le diſtrict d'Oxford comprendra toutes les eaux & les rivages ſur la côte orientale de la baie de Cheſapeake, depuis la rive nord de la rivière de Wye & de la baie Eaſtern, juſqu'à la rive ſud de la rivière de Chaptank, incluſivement; Cam-bridge ſera port de livraiſon ſeulement; & un receveur pour le diſtrict, ſera nommé pour ré-

fider à Oxford , qui fera le feul port d'entrée.
Le diftrict de Vienna comprendra toutes les
eaux & les rivages fur la côte orientale de la
baie de Chefapeake, depuis la rive fud de la
rivière de Chaptank, jufqu'à la rive fud de la
rivière de Wycomico, inclufivement ; Salisbury
fera port de livraifon feulement ; & un receveur pour le diftrict fera nommé pour réfider à
Vienna qui fera le feul port d'entrée. Le diftrict de Snowhill comprendra toutes les eaux
& les rivages fur la côte de la mer, depuis la
ligne nord de la Virginie, jufqu'à la ligne fud
du Delaware, ainfi que toutes les eaux & les
rivages fur la côte orientale de la baie de Chefapeake, depuis la rive fud de la rivière de
Wicomico, jufqu'à la rive fud de la rivière de
Pocomoke, inclufivement, auffi loin que s'é-
tend la jurifdiction dudit Etat de Maryland ; Sin-
nepuxent fera port de livraifon pour les productions des Indes occidentales feulement ; & un receveur pour le diftrict fera nommé pour réfider
à Snowhill, qui fera le feul port d'entrée. Le
diftrict d'Annapolis comprendra la rivière de
Magetty, & toutes les eaux & les rivages, depuis cette rivière jufqu'à Drum-Point, fur la
rivière de Patuxent ; & un receveur pour le dif-

trict, sera nommé pour résider à Annapolis qui sera le seul port d'entrée & de livraison du district. Le district de Nottingham comprendra toutes les eaux & les rivages sur la côte occidentale de la baie de Chesapeake, jusqu'à Drum-Point, sur la rivière Patuxent, ainsi que ladite rivière & toutes les eaux navigables qui s'y déchargent; les villes de Benedict, Lower, Malborough, Town-Creek & l'attérage de Silvey y seront annexés comme ports de livraison seulement ; un receveur pour le district sera nommé pour résider à Town-Creek, & Nottingham sera le seul port d'entrée. Le district de Nangemoy comprendra toutes les eaux de la rivière Potowmack dans la jurisdiction de l'état de Maryland, depuis la pointe Look Out, jusqu'à la crique de Pomonkey, inclusivement. Sainte-Marie sera annexée à ce district, comme port de livraison seulement, & un receveur sera nommé pour le district & résidera à Nangemoy; un inspecteur sera aussi nommé pour résider à Sainte-Marie & Nangemoy sera le seul port d'entrée. Le district de George-Town comprendra toutes les eaux & les rivages depuis la crique Pomonkey, sur la rive nord de la rivière de Potowmack, jusqu'à la pointe des eaux navigables de ladite rivière dans

la jurifdiction de l'état de Maryland; à ce diftrict, le lieu de débarquement de Digges &
Carrolsburg feront annexés comme ports de
livraifon feulement; & un receveur fera nommé
pour le diftrict & réfidera à George-Town qui
fera le feul port d'entrée.

L'état de Virginie formera douze diftricts, | Diftricts & ports en Virginie.
favoir: Hampton, Norfolk & Portfmouth pour
un feul port, Bermuda-Hundred & Citypoint
pour un feul port, Yorktown, Tappahannock,
Yecomico-River y compris Kinfale, Dumfriez
y compris Newport, Alexandrie, Folly-Landing, Cheryftonne, Southquai, & Louis-Ville.
L'autorité des officiers d'Hampton s'étendra
fur toutes les eaux, les rivages, baies, havres
& bras de mer entre la rive fud de l'embouchure de la riviere d'Yorck le long de la côte occidentale de la baie de Chefapeake jufqu'à Hampton, & de-là en remontant la riviere James jufqu'à
la rive oueft de la riviere de Chickahominy; &
un receveur fera nommé pour réfider à Hampton qui fera le feul port d'entrée. Au diftrict
de Norfolk & Portsmouth feront annexés Suffolk & Smithfield comme ports de livraifon
feulement; & l'autorité des officiers dudit dif-

trict s'étendra fur toutes les eaux, les rivages, les baies, les havres & bras de mer compris dans une ligne tirée depuis le Cap Henry jusqu'à l'embouchure de la riviere James, & delà en remontant la riviere James, jufqu'à la pointe de Jordan, & en remontant la riviere Elifabeth jufqu'à l'endroit le plus éloigné où parvient la marée; Norfolk & Portsmouth feront les feuls ports d'entrée, & un receveur, un officier de marine & un infpecteur pour le diftrict feront nommés pour réfider à Norfolk, de même qu'un infpecteur pour réfider dans chacun des ports de Suffolk & Smithfield. Au diftrict de Bermuda-Hundred ou City-Point, feront annexés, Richmond, Peterfburg & Manchefter comme ports de livraifon feulement; & un receveur & un infpecteur feront nommés pour réfider à Bermuda-Hundred ou à City Point, de même qu'un infpecteur pour Pétersburg qui y réfidera, & un infpecteur pour Richmond & Manchefter qui réfidera à Richmond; & l'autorité des officiers dudit diftrict s'étendra fur toutes les eaux, les rivages, baies, havres & bras de mer compris entre la pointe de Jordan & l'endroit où parvient la plus haute marée fur les rivieres de James & d'Appomatox. Au diftrict d'Yorktown feront annexés Weftpoint & Cumberland comme ports de livraifon feulement, & un receveur pour le diftrict fera nommé & réfidera à Yorktown qui fera le feul port d'entrée, & auffi un infpecteur pour les deux ports de livraifon qui réfidera à Weftpoint; l'autorité des officiers dudit diftrict s'étendra fur toutes les eaux, les rivages, les baies, les havres & bras compris entre la pointe formant la rive fud de l'embouchure de la riviere de Rappahannock; & la pointe formant la rive fud de l'embouchure de la riviere d'York & de-là en remontant ladite riviere jufqu'à Weftpoint, & de-là en remontant les rivieres de Pamonkey & Mottapony jufqu'à l'endroit où elles ceffent d'être navigables. Au diftrict de Tappahannock feront annexés Urbana, Port-Royal, Fredericksburg & Falmouth, comme ports de livraifon feulement; & un receveur pour le diftrict fera nommé & réfidera à Tappahannock qui fera le feul port d'entrée, ainfi qu'un infpecteur pour chacun des ports d'Urbana, Port-Royal & Frederickfburgh. Et l'autorité des officiers dudit diftrict

s'étendra fur toutes les eaux, les rivages, les
baies, les havres & bras compris entre la
pointe de Smith à l'embouchure de Potowmack,
& la pointe formant la rive fud de l'embouchure de la rivière de Rappahannock, &
de-là en remontant cette derniere riviere, jufqu'au point où parvient la plus haute marée.
Le diftrict de la riviere d'Ycocomico, y compris Kinfale, s'étendra depuis la pointe de
Smith fur la rive fud de la riviere de Potowmack jufqu'à Boyds-Hole fur la même riviere;
il comprendra toutes les eaux, les rivages,
les baies, les havres & bras le long de la
rive fud de la riviere de Potowmack jufqu'au
dit Boyds-Hole & Ycocomico, y compris
Kinfale, fera le feul port d'entrée; & un receveur fera nommé & réfidera fur la riviere
d'Ycocomico. Le diftrict de Dumfries, y compris Newport, s'étendra depuis Boyds Hole jufqu'à la pointe de Cockpit fur la rive fud de la riviere de Potowmack; & un receveur fera nommé
& réfidera à Dumfries qui fera le feul port
d'entrée. & l'autorité des officiers de ce
diftrict, s'étendra fur toutes les eaux, les
rivages, les baies, les havres & bras com-

pris entre lefdits BoydsHole & Coekpitt-Point.
Pour le diftrict d'Alexandrie il fera nommé un
receveur & un infpecteur qui réfideront à Alexandrie qui fera le feul port d'entrée. Et l'autorité des officiers du diftrict, s'étendra fur
toutes les eaux, les rivages, les baies, les
havres & bras fur la rive fud de la riviere
Potowmack, depuis la pointe Coekpitt, jufqu'à l'endroit le plus éloigné fur ladite riviere
où parvient la plus haute marée. Pour le diftrict de Folly-Landing il fera nommé un receveur, qui réfidera à Accomackcourt-Houfe,
& dont l'autorité s'étendra fur toutes les
eaux, les rivages, baies, havres & bras
de la province d'Accomack. Pour le diftrict de
Cherry-Stone, il fera nommé un receveur qui
réfidera à Cherry-Stone, & dont l'autorité s'é-
tendra fur toutes les eaux, les rivages, baies,
havres & bras compris dans la province de
Northampton. Pour le diftrict de Southquay, il
fera nommé un receveur qui y réfidera & dont
l'autorité s'étendra fur toutes les eaux, les rivages, baies, havres & bras compris dans
cette partie de la Virginie. Pour le diftrict de
Louis-ville, il fera nommé un receveur qui y
réfidera, & dont l'autorité s'étendra fur toutes

eaux ; les rivages & bras compris entre les rapides & l'embouchure de la riviere Ohio sur la rive sud-est.

Districts & ports dans la Caroline-sud

L'Etat de la Caroline - sud formera trois districts, savoir : George - Town , Charleston & Beaufort ; chacune desquelles villes sera port d'entrée. Le district de George - Town, comprendra tous les rivages, les bras & les rivieres depuis les limites de la Caroline Nord, jusqu'à la pointe du Cap-Romain. Le district de Charleston, comprendra tous les rivages, les bras & rivieres depuis le Cap-Romain jusqu'à la riviere de Combahée inclusivement ; & le district de Beaufort, comprendra les rivages, bras & rivieres, depuis la riviere de Combahée, jusqu'à la riviere Back en Georgie, en comprenant aussi les rivages, bras & havres formés par les différentes barres & Isles. Dans chacun de ces districts respectivement au port de Charleston, il y aura un receveur, un officier de marine & un inspecteur, & seulement un inspecteur dans chacun des autres ports.

Districts & ports en Georgie.

L'état de Georgie formera quatre districts, savoir : Savannah, Sunbury, Brunswick &

Sainte-Marie ; chacune desquelles villes sera port d'entrée. Le district de Savannah, comprendra la riviere de Savannah, la grande & petite riviere d'Ogeechee avec les autres havres, criques & rivieres formées par les bras de la Tybée, la petite Tibée, la Varsaw & l'Ossabaw au nord de l'Isle d'Ossabaw ; & il sera nommé un officier de marine, un receveur & un inspecteur pour ledit district qui résideront à Savannah. Le district de Sunbury comprendra les rivieres de la Medway, Sapelo, Newport du sud & Newport du nord, avec les havres, criques & rivieres formées par les bras de Sainte-Catherine au sud d'Ossabaw ; & il sera nommé par le district un receveur qui résidera à Sunbury. Le district de Brunswik, comprendra les rivieres d'Alatahama, Frederice & Turtle avec les autres havres, criques & rivieres formées par les bouches de Doboy au sud de Sapelo, d'Alatahama & de Saint-Simon & au nord de la pointe sud de l'Isle Jekyl. Frederica sera port de livraison seulement ; & il sera nommé pour le district, un receveur qui résidera à Brunswick. Le district de Sainte - Marie, comprendra la grande & petite Setilla, la riviere Croo-

ked & celle de Sainte Marie avec les havres,
criques & rivieres formées par les bouches
Saint-André & le détroit d'Amelie; & il sera
nommé pour le diſtrict un receveur qui réſidera à Sainte-Marie. Et dans chaque diſtrict
le receveur ſerá autoriſé à accorder une permiſſion de décharger dans tout port ou ville
dudit diſtrict; & il pourra mettre à bord de
tout vaiſſeau ou navire pour lequel la permiſſion ſera accordée, un ou autant de viſiteurs,
où ſous-inſpecteurs qu'il ſera néceſſaire pour
la ſûreté du payement des droits.

Section II. Et *qu'il ſoit en outre décrété,*
que tout port d'entrée établi par cet acte ſera
auſſi port de livraiſon. *Pourvu* (1) *toujours,*
qu'aucun vaiſſeau ou navire n'appartenant pas
entierement à un ou pluſieurs des Etats-Unis
ne ſera admis à décharger dans aucun lieu
ou port, autres que le ſuivans, ſavoir:
Portſmouth dans l'état de Newhampshire,
Portland, Falmouth, Dighton, Salem, Glou-

Les ports d'entrée ſeront auſſi ports de livraiſon.

Ports de livraiſon auxquels les navires étrangers ſeront reſtraints.

---

(1) *Pourvu* doit être pris ici & dans tous les actes
ſuivans, dans le ſens d'*ordonné*; c'eſt une eſpèce de
clauſe additionnelle à l'acte.

ceſter

cefter, Newbury-Port, Marblehead, Sherbourne, Bofton, Plymouth, Wifcaffet, Machias & Penobfcot dans l'état de Maffachuffetts,
New-London ou Newhaven dans l'état de Connecticut ; New-York, Perthamboy ou Burlington dans l'état de New-Jerfey ; Philadelphie, Wilmington, Newcaftle & Port-Penn
dans l'état de Delaware ; Baltimore, Annapolis, Vienna, Oxford, George-Town fur
la Potowmack, Chefter Town, Towncreek,
Nottingham, Nanjemoy, Digges'tlanding,
Snowhill & Carrollsburgh dans l'état de Maryland ; Alexandrie, Kinfale, Newport, Tappahannock, Port-Royal, Fredericksburg, Urbanna, Yorktown, Weftpoint, Hampton,
Bermuda-Hundred, Cityroint, Rocket's-Lan-
ding, Norfolk ou Portfmouth dans l'état de
Virginie ; Charlefton, George-Town ou Beaufort dans l'état de la Caroline-fud, ou dans
l'un des diftricts de Savannah ; Sunbury,
Brunfwick ou Sainte-Marie, dans l'état de
Georgie : & aucun vaiffeau ou navire arrivant
du Cap de Bonne-Efpérance ou d'aucun port
au-delà, ne pourra faire fon entrée ailleurs
que dans les ports fuivans, favoir : Portfmouth
dans l'état de Newhampshire ; Bofton, New-

buryport , Salem , Gloucefter , Portland ou Falmouth , dans l'état de Maffachuffetts ; New-London ou Newhaven , dans l'état de Connecticut ; New-York , Perthamboy , Philadelphie , Wilmington , dans l'état de Delaware ; Baltimore-Town , Annapolis ou George-Town , dans l'état de Maryland ; Alexandrie , Norfolk ou Portfmouth , dans l'état de Virginie ; Charlefton , George-Town ou Beaufort , dans l'état de Caroline-fud ; Sunbury ou Savannah , dans l'état de Géorgie : *pourvu* que rien ici ne fera interprété de maniere à empêcher le maître ou capitaine de tout vaiffeau ou navire , de faire fon entrée chez le receveur de tout port ou diftrict , auquel port ou diftrict ce vaiffeau ou navire pourra appartenir ou d'où il aura pu partir pour faire ce voyage.

<table>
<tr><td>Les navires chargés pour les ports de livraifon , ameneront d'abord aux ports d'entrée.</td><td>

Section III. Et *qu'il foit en outre décrété*, que le maître ou Capitaine de tout vaiffeau ou navire chargé pour un port de livraifon feulement dans tels des diftricts fuivans, favoir : Portland & Falmouth, Bath, Newburyport, New London (excepté le port de Stonington dans ce dernier diftrict), Norfolk & Portfmouth, Bermuda-Hundred & City-point,</td></tr>
</table>

York-Town ou Tappahannock (excepté le port d'Urbanna dans ce dernier diftrict), amenera d'abord au port d'entrée de ce diftrict avec fon vaiffeau ou navire, & là fera fon entrée, delivrera un manifefte de fa cargaifon, & acquittera ou fournira caution pour l'acquit de tous les droits impofés , ainfi que pour le tonnage, les frais & droits de port tels qu'ils font établis par cet acte avait que ce vaiffeau ou navire puiffe faire route pour fon port de livraifon ; & que tout vaiffeau ou navire en charge pour un port de livraifon dans tout autre diftrict exemt des reftrictions impofées par cet acte ou pour les ports de Sonington ou d'Urbanna pourra faire route d'abord pour fon port de livraifon & faire enfuite fon entrée conforme à la loi dans le tems prefcrit par cet acte.

Section IV. Et *qu'il foit en outre décrété,* que le maître ou capitaine de tout vaiffeau ou navire en charge pour le diftrict de Nottingham fera tenu avant de paffer le port de Town-Creek & immédiatement après fon arrivage, de dépofer entre les mains de l'infpecteur dudit port un manifefte véridique de la cargaifon à bord de fon vaiffeau ou navire ; s'il eft en

Diftricts où les vaiffeaux ne pourront arriver fans délivrer un manifefte dans certains ports devant lefquels ils pafferont.

F 2

charge pour l'un des diſtricts ſur la Potowmack, il ſera tenu avant de paſſer les rivieres Sainte-Marie & Ycocomico & immédiatement après ſon arrivage, de dépoſer entre les mains de l'inſpecteur à Sainte-Marie ou du receveur à Ycocomico, comme il lui ſera plus convenable, un maniſeſte véridique de la cargaiſon à bord de ſon vaiſſeau ou navire, lequel manifeſte comprendra auſſi la déclaration du port où il va faire ſon entrée; s'il eſt en charge pour le diſtrict de Tappahannock, il ſera tenu avant de dépaſſer le port d'Urbana & immédiatement après ſon arrivage, de dépoſer entre les mains de l'inſpecteur de ce port un ſemblable maniſeſte; enfin s'il eſt en charge pour le diſtrict de Bermuda-Hundred ou City-point, il ſera tenu avant de dépaſſer la riviere Eliſabeth & immédiatement après ſon arrivage, de dépoſer un ſemblable maniſeſte entre les mains du receveur du port de Norfolk & Portſmouth ou du receveur du port d'Hampton; & chacun deſdits inſpecteurs ou receveurs après avoir enregiſtré ces maniſeſtes, les enverra duement certifiés à l'officier du port où l'entrée doit ſe faire. Sans ce certificat l'entrée ne pourroit être reçue.

Section V. Et *qu'il ſoit en outre décrété*, que

(85)

les fonctions des différens officiers qui seront nommés en vertu de cet acte, seront telles que ci après : dans les ports où il sera nommé un receveur, un officier de Marine & un inspecteur, les fonctions du receveur consisteront à recevoir tous les rapports, manifestes & instructions que lui fera ou dont lui justifiera le maître ou capitaine de tout vaisseau ou navire, conformément aux réglemens prescrits par cet acte ; à duement porter & enregistrer sur les livres qu'il gardera à cet effet, tous ces manifestes & les balles, marques & numéros y énoncés ; à recevoir l'entrée de tous les navires & vaisseaux, & de toutes les productions, denrées & marchandises y importées ainsi que leurs factures originales ; à estimer les droits qu'ils doivent payer & à les relater au dos de chaque entrée ; à recevoir toute espèce de monnoie en payement des droits, à prendre des obligations pour assurer le paiement des droits, à accorder toutes sortes de permissions pour le déchargement & livraison des marchandises, à se servir & prendre des personnes convenables pour peseurs, jaugeurs, mesureurs & sous-inspecteurs, ainsi que celles nécessaires au maniement des bateaux dont on se servira pour

F 3

aſſurer la perception des droits, à pourvoir aux dépenſes publiques & avec l'approbation du principal officier du département de la tréſorerie, à garnir les magaſins pour la garde des marchandiſes de tous les poids, meſures & balances qui feront iugés néceſſaires, enfin à remplir toutes les autres fonctions qui lui feront aſſignées par la loi. Les fonctions de l'officier de marine conſiſteront à recevoir copie de tous les manifeſtes, à eſtimer & enregiſtrer les droits ſur chaque entrée faite chez le receveur & à en corriger toutes les erreurs avant qu'une permiſſion de décharger ou délivrer puiſſe être accordée, à contre-ſigner toutes les permiſſions & les acquits accordés par le receveur. Les fonctions de l'inſpecteur feront de ſurveiller & diriger tous les commis, peſeurs, meſureurs & jaugeurs dans ſon diſtrict, ainſi que le ſervice des bâteaux qui pourront être employés à aſſurer la perception des droits ; d'aller à bord des vaiſſeaux ou navires arrivant dans ſon diſtrict, ou de mettre à bord un ou pluſieurs commis ; de déterminer avec un hydromètre quels feront les eſprits diſtillés que l'on regardera comme eſprits à l'épreuve de la Jamaïque eſtimant tous les eſprits diſtillés qui prouveront vingt-quatre degrés, comme esprits à l'épreuve de la Jamaïque, & d'examiner si les marchandises importées sont conformes à leurs entrées ; & lesdits inspecteurs seront dans tous les cas soumis au contrôle du receveur & de l'officier de marine.

Section VI. Et *qu'il soit en outre décrété*, que tout receveur nommé en vertu de cet acte, en cas d'absence nécessaire, de maladie ou d'incapacité à remplir les fonctions de son office, pourra nommer un délégué, duement autorisé par lui à exercer & remplir à sa place tous les pouvoirs, les fonctions & devoirs de receveur du district auquel sera attaché ledit principal officier, lequel principal sera responsable de la négligence ou mauvaise conduite de son délégué dans l'exercice de son office.

Un receveur peut nommer un délégué.

Section VII. Et *qu'il soit en outre décrété*, qu'en cas d'incapacité totale ou de mort d'un receveur, les fonctions & l'autorité qui lui font confiées par cet acte seront dévolues à à son délégué s'il en a nommé un, & les biens du receveur incapable ou défunt répondront de la conduite du délégué; & ledit délégué exer-

Fonctions d'un receveur délégué.

cera l'autorité & remplira toutes les fonctions jufqu'à ce qu'un fucceffeur foit nommé. Mais en cas qu'il n'y ait point de délégué de nommé, l'autorité & les fonctions du receveur incapable ou défunt feront dévolues à l'officier de marine du même diftrict, jufqu'à ce qu'un fucceffeur duement autorifé & affermenté foit revêtu des fonctions dudit office.

Fonctions ultérieures du receveur & de l'infpecteur.

Section VIII. Et *qu'il foit en outre décrété* qu'à chacun des ports fpécifiés par cet acte où il n'aura été nommé qu'un receveur & un infpecteur, ledit receveur remplira toutes les fonctions affignées au receveur & à l'officier de marine dans les autres ports. Qu'à chacun des ports où il n'aura été nommé qu'un receveur, ce receveur poffédera tous les pouvoirs & remplira autant qu'il fera en lui toutes les fonctions affignées au receveur, à l'officier de marine & à l'infpecteur, dans les ports où ces trois officiers feront établis. Qu'à chacun des ports de livraifon feulement où il n'aura été nommé qu'un infpecteur, fes fonctions feront de recevoir & enregiftrer les copies de tous les manifeftes qui lui feront envoyés par le receveur; d'infcrire & enregiftrer toutes les

permiſſions accordées par ce receveur en diſ-
tinguant les jauges, poids, meſures & qualités
des marchandiſes y ſpécifiées ; de veiller à ce
qu'aucune marchandiſe ne ſoit déchargée ou
livrée d'aucun vaiſſeau ou navire ſans cette permiſſion, & de remplir toutes les autres fonctions aſſignées à l'inſpecteur. Qu'à chacun des
ports de livraiſon ſeulement où il n'aura point
été établi d'inſpecteur, ce ſera le devoir du
receveur de veiller au déchargement & livraiſon des marchandiſes, ou en cas de néceſſité
d'employer une ou pluſieurs perſonnes convenables pour cet objet, leſquelles jouiront de l'autorité & auront droit à des honoraires pareils
à ceux alloués aux inſpecteurs, durant tout le
tems qu'elles ſeront de ſervice. Tout receveur,
officier de marine & inſpecteur fera ſon ſervice
en perſonne au port ou au diſtrict pour lequel
il aura été nommé, & avant d'entrer dans les
fonctions de ſon office prêtera un ſerment ou
une affirmation dans la formule ſuivante :
» Moi........ je jure ou affirme ſolemnelle-
» ment (ſuivant le cas) d'exécuter & rem-
» plir ſincérement & fidellement toutes les
» fonctions d'.... du port ou diſtrict d'....
» conformément à la loi & du mieux que mes

» talens & ma capacité me le permettront. »
Ledit ferment ou l'affirmation fera prêté entre
les mains d'un juge de paix, qui en délivrera
un certificat figné & fcellé de lui, & le fera
paffer fous trois mois après la date de fa preftation au contrôleur de la tréforerie. Tout
receveur, officier de Marine ou infpecteur pré-
variquant à ceci, encourra l'amende & fera
condamné à deux cent dollars & aux dépens
au profit de fon accufateur par toute cour qui
en pourra connoître. Aucun pefeur, jaugeur,
mefureur ou fous-infpecteur ne remplira les
fonctions de fon office jufqu'à ce qu'il ait prêté
le fufdit ferment ou l'affirmation.

Les rece-
veurs, offi-
ciers de ma-
rine & inf-
pecteurs
tiendront des
livres.

Section IX. Et *qu'il foit en outre décrété*, que
les receveurs, officiers de marine & infpecteurs
qui feront nommés en vertu de cet acte, tiendront chacun un état fidelle & en régle de
tout ce qu'ils auront fait relativement à leurs
fonctions d'officiers des droits, dans la forme
& maniere qui leur fera enjointe par les chefs
de leur département ou par l'officier chargé
par la loi de furveiller les revenus des Etats-
Unis; & que dans tous les tems ils foumet-
tront leurs livres, papiers & états à l'infpection

des perfonnes qui pourront être nommées pour cet objet : & les receveurs des différents ports feront tenus de payer en tout tems à l'ordre de l'officier propofé pour cet objet, le montant des fommes que chacun d'eux aura pu recevoir en vertu de cet acte (excepté feulement l'argent que cet acte leur prefcrit d'employer autrement), & ils feront tenus auffi de faire paffer une fois tous les trois mois ou plus fouvent même, fi cela eft exigé, leurs comptes pour être arrêtés, au département, ou à l'officier fus-énoncés.

Section X. Et *qu'il foit en outre décrété,* que tout maître ou autre perfonne ayant ou prenant la charge ou commandement de tout vaiffeau ou navire chargé pour tout port des Etats-Unis, dans, par-tout port ou toute ville étrangére, remettra fur fa requifition à tout officier ou autre perfonne duement autorifée, qui viendra la premiere à bord de fon vaiffeau ou navire, deux manifeftes fignés par ledit maître ou la perfonne ayant commandement & énonçant en toutes lettres (& non en chiffres) l'état exact de la cargaifon que ce vaiffeau ou navire avoit à bord au port d'où il à fait voile ; & dans le tems où il a fait voile ou dans aucun tems poſtérieur, les balles, marques & numéros, & ſpécifiant pour quel port des Etats-Unis ce vaiſſeau ou navire eſt en charge, & le nom ou les noms de la ou des perſonnes à qui les marchandiſes ſont adreſſées, ou dans les cas où les marchandiſes ſeront chargées à ordre, les manifeſtes ſpécifieront les noms des chargeurs & les marchandiſes à leur ordre. L'officier ou autre perſonne ſignera un de ces manifeſtes & le rendra au maître ou autre perſonne ayant la charge du vaiſſeau ou navire, y certifiant auſſi juſte qu'il le pourra le tems où ce manifeſte lui aura été montré, & y déclarant qu'un ſemblable manifeſte lui a été remis & , il fera paſſer l'autre manifeſte au receveur du diſtrict pour lequel ce vaiſſeau ou navire ſera en charge.

Section XI. Et qu'il ſoit en outre décrété que le maître ou autre perſonne ayant le commandement ou la charge d'aucun vaiſſeau, navire ou bâtiment (excepté les vaiſſeaux ou bâtimens de guerre) abordant ou arrivant dans tout port, diſtrict, crique ou Havre des Etats Unis, ſera tenu, dans les quarante huit heures après cet arrivage, de ſe rendre au bureau du receveur du diſtrict, & de déclarer à cedit receveur le lieu

d'où il aura fait voile en dernier, avec le nom &
le port de son vaisseau ou navire, & de lui remettre deux manifestes, conformément à ce que
preſcrit cet acte ; à moins qu'il n'ait déjà remis
auparavant un manifeste à quelque officier, ou
autre perſonne duement autoriſée, comme il eſt
preſcrit ci-deſſus ; auquel cas il remettra le manifeſte certifié, comme il eſt dit ci-deſſus, ainſi
que les inſtructions que l'on fournit communément au port de départ ; & il prêtera & ſignera
un ſerment ou une affirmation en préſence du
receveur ou de tout autre officier prépoſé ; leſquels receveur ou officiers ſont autoriſés & obligés à faire prêter ce ſerment dans les termes ſuivans ; ſavoir : « Moi. . . . . je jure ou affirme ſo-
» lemnellement (ſuivant le cas) que ce mani-
» feſte eſt à ma connoiſſance & croyance, un
» vrai & exact manifeſte de toutes les produc-
» tions, denrées & marchandiſes miſes à bord
» du. . . . . au port. . . . . d'où ce vaiſſeau a fait
» voile, au tems où il a fait voile, ou en tout
» autre tems depuis, & que c'eſt moi qui ſuis
» à préſent le maître ou *capitaine* de ce vaiſ-
» ſeau. » Et ſi le maître ou autre perſonne ayant
la charge ou commandement de tout vaiſſeau ou
navire, refuſe ou néglige de faire ſon entrée ou

Amende en cas de refus ou de négligence.

de remettre ſes manifeſtes & inſtructions, conformément à ce que preſcrit cet acte, ou de prêter le ſerment ou l'affirmation exigés ici, il encourra l'amende, & paiera cinq cents dollars
par chaque refus ou négligence.

Section XII. Et qu'il ſoit en outre décrété, que
nulles productions, denrées ou marchandiſes ne
ſeront déchargées ou livrées d'aucun vaiſſeau ou
navire, ſinon en plein jour, & avec une permiſſion du receveur à cet effet ; & ſi le maître
ou capitaine de tout vaiſſeau ou navire, le ſouffre
ou le permet, ce maître & capitaine, & toute autre
perſonne aidant ou aſſiſtant à débarquer, tranſ-
porter, enmagaſiner, ou mettre à couvert de
toute autre façon ; ces marchandiſes encourront
l'amende, & payeront la ſomme de quatre cents
dollars pour chaque contravention ; ſeront en
outre déclarés incapables d'occupper aucun emploi de confiance ou de profit ſous les Etats-Unis,
durant un eſpace de tems qui n'excédera point
ſept années ; & il ſera du devoir du receveur
du diſtrict, de faire publier les noms de toutes
ces perſonnes dans la gazette de l'Etat, dans lequel il réſidera, dans les vingt jours qui ſuivront la condamnation de chacune d'elles. Et

toutes les productions, denrées & marchandifes ainfi débarquées ou déchargées, enccurront confifcation, & pourront être faifies par tout officier de la douane. Et dans le cas où leur valeur monteroit à quatre cents dollars, le vaiffeau, agrès, équippement & provifions feront fujets à pareille confifcation & faifie; *pourvu toujours*, que fi quelque vaiffeau ou navire, forcé par le mauvais tems, ou autre raifon fuffifante, relâche dans un port ou lieu de débarquement des Etats-Unis, autre que celui pour lequel il étoit deftiné, le maitre, ou autre perfonne pourvu du commandement, fera tenu, dans les quarante-huit heures après fon arrivage, de faire fa déclaration, & de remettre un manifefte exact de fa cargaifon au receveur du port ou diftrict; & en outre, dans les vingt-quatre heures, de faire fa proteftation dans la forme ordinaire, pardevant un notaire ou un juge de paix, & d'y déclarer la caufe & les circonftances de fon accident; & fi le receveur juge qu'il foit néceffaire de décharger ledit vaiffeau ou navire, il en accordera la permiffion, & nommera un officier pour furveiller ledit déchargement; & toutes les productions, denrées & marchandifes ainfi déchargées, feront enmagafinées fous les ordres & foumifes à la garde du receveur. Mais fi quelques-unes de ces marchandifes étoient en péril, & qu'il fût néceffaire d'en vendre une partie pour défrayer les dépenfes du navire ou de la cargaifon, ledit receveur accordera au maître, capitaine ou propriétaire, une permiffion de difpofer de telle partie de fes marchandifes qui feroit en péril ou qui pourroit être néceffaire pour défrayer fes dépenfes ; *pourvu* que les droits à prélever fur ces marchandifes foient d'abord payés, ou qu'un cautionnement pour leur paiement foit fourni ; *& pourvu auffi* que cette néceffité foit évidemment reconnue par les gardiens du port, ou autres perfonnes duement autorifées à en certifier l'évidence ; & dans les lieux où il n'y aura point de telles perfonnes, par l'atteftation de deux citoyens dignes de foi du voifinage, & les plus entendus dans les affaires de cette nature.

Section XIII. Et qu'il foit en outre décrété, que toute perfonne ayant des productions, denrées & marchandifes fur un vaiffeau ou navire, arrivant dans un port d'entrée ou de livraifon feulement, fera, chez le receveur du port ou

diftrict

diftrict où ce vaiffeau arrivera, l'entrée de ces productions, denrées & marchandifes, fpécifiant le nombre de balles, les marques, numéros & contenus de chacune (ou fi ces marchandifes font chargées en grenier, leur qualité & quantité) ainfi que la note précife du coût primitif de chacune ; & produira en outre au receveur les factures originales, ainfi que les connoif-femens : & ledit receveur eftimera les droits & en notera le montant au dos de l'entrée. La perfonne faifant l'entrée prêtera le ferment ou l'affirmation que fon entrée contient la totalité des productions, denrées & marchandifes impor-tées par elle, ou chargées à fon adreffe fur ce vaiffeau ou navire ; que du moins il n'a con-noiffance d'aucune autre, & que ladite facture contient, à fa connoiffance & croyance, l'état exact de leur coût primitif ; & que fi par la fuite il en découvre d'autres, ou une plus grande quantité qu'il n'en a fpécifiées dans fon entrée, il en fera le rapport & l'entrée tel qu'il convient : ce fera le receveur qui fera prêter ledit ferment ou l'affirmation ; & toute perfonne faifant fon entrée la fignera, *pourvu* que dans les cas où la perfonne faifant l'entrée, demeurera à dix milles ou plus de diftance du port ; la déclara-

Et en ap-
puira la vé-
rité par un
ferment.

G

tion ou affirmation de cette perſonne, prononcée pardevant le juge de paix, & inſcrite par lui au dos des factures originales, produira le même effet que ſi le receveur avoit fait prêter cette affirmation, & l'avoit endoſſée.

Section XIV. Et qu'il ſoit en outre décrété que toutes ces entrées ainſi certifiées par le receveur, ainſi qu'une copie faite par la partie feront examinées par l'officier de marine (partout où cet officier ſera établi.) Avant qu'il ſoit accordé aucune permiſſion de débarquer aucunes productions, denrées ou marchandiſes y portées; que cet officier les contreſignera, en retiendra une copie, & rendra l'autre duement certifiée à la partie avec les connoiſſemens & factures; & lorſque ces entrées ainſi certifiées feront rapportées au receveur, & que les droits feront payés, ou caution fournie pour leur paiement, il délivrera une permiſſion de décharger & mettre à terre les productions denrées, & marchandiſes y ſpécifiées. Et dans les ports où il n'aura point été nommé d'officier de marine, le receveur accordera ces permiſſions de décharger & mettre à terre la portion de marchandiſes dont l'entrée aura été faite, & pour leſquelles on aura payé les droits & fourni caution.

Section XV. Et qu'il soit en outre décrété que le receveur, l'officier de marine & l'inspecteur de tout port d'entrée ou de livraison, où un vaisseau ou navire arrivera, seront autorisés à mettre à bord de ce vaisseau ou navire, un ou plusieurs sous-inspecteurs qui feront connoître à la personne ayant le commandement du vaisseau ou navire, les fonctions qu'ils ont à remplir en vertu de cet acte; & ce, ou ses sous-inspecteurs ne souffriront pas qu'aucunes productions, denrées ou marchandises soient livrées, sans qu'une permission de l'officier nommé pour cet objet l'autorise; & ils enregistreront sur un livre tenu à cet effet, les articles portés en chaque permission, spécifiant les marques & numéros de chaque balle, leur description & le nom de la personne à qui cette permission aura été accordée; & si, à l'expiration du terme de quinze jours ouvrables, à dater du jour où l'on aura commencé le déchargement de ces vaisseau ou navire, il se trouve à bord quelques productions, denrées & marchandises, le sous-inspecteur aura droit de s'en emparer, & de les remettre au receveur du district, ou à telle personne qu'il nommera & autorisera pour rece-

Les sous-inspecteurs.

Leurs fonctions.

G 2

voir à ſa place leſdites marchandiſes , ayant ſoin
de prendre ſa reconnoiſſance , & de remettre
au maître ou capitaine un certificat où il dé-
crira les balles ainſi ſaiſies , leurs marques &
numéros ; & auſſitôt qu'un vaiſſeau ou navire
ſera entièrement déchargé , ledit ſous - inſpecteur , accompagné du receveur & de l'officier
de marine , comparera l'état & les entrées qu'il
a entégiſtrés de toutes les marchandiſes déchargées de ce vaiſſeau ou navire , avec le manifeſte remis au receveur ; & s'il appert qu'il y
a plus de marchandiſes qu'il n'en eſt ſpécifié
dans ledit manifeſte , le ſurplus ſera ajouté au
dos du manifeſte , avec la deſcription des balles ,
leurs marques & numéros , ou ſi ces marchandiſes ſont chargées en grenier , leur quantité &
qualité ; & le tout ſera ſigné par le ſous-inſpecteur commis pour reſter à bord dudit vaiſſeau ou navire , juſqu'à ce qu'il ſoit entièrement déchargé ; *pourvu toujours* que ledit terme
de quinze jours ne s'étendra pas aux bâtimens
chargés de ſel ou de charbon ; mais ſi le maître
ou propriétaire de ces bâtimens demande un plus
long terme pour décharger ſa cargaiſon , les gages du ſous-inſpecteur , pour chaque jour de

préfence, pafsé les fufdits quinze jours, feront payés par le maître ou propriétaire. Et fi quelques productions, denrées ou marchandifes fujettes aux droits, font enlevées de deffus le quai ou de la place où elles auront été débarquées avant d'avoir été pefées ou jaugées (fuivant le cas) ou fans le confentement du receveur ou autre officier prépofé, lefdites productions, denrées ou marchandifes ainfi enlevées, feront confifquées. Toutes marchandifes remifes au receveur de la manière fufdite, feront gardées aux frais & rifques du propriétaire, durant l'efpace de neuf mois. Et fi pendant ce temps elles ne font pas réclamées, l'eftimation en fera faite par deux ou plufieurs marchands dignes de foi, & reftera entre les mains du receveur qui les fera vendre à l'encan, & verfera le produit de la vente, droits & frais déduits, dans le tréfor des Etats-Unis, pour y refter au fervice du propriétaire, qui, en prouvant légalement fa propriété, aura droit à la retirer : & la reconnoiffance, ou le certificat du receveur, mettra le maître ou capitaine à couvert de toutes réclamations de la part du propriétaire. *Pourvu*, que par-tout où l'entrée légale de ces marchandifes aura été duement faite, il ne fera pas néceffaire de les

évaluer, & que, quand ces marchandifes feront
en péril, elles feront vendues fur-le-champ.

Les marchandifes en-dommagées dans le voya-ge, ou fans facture, fe-ront évaluées

Section XVI. Et qu'il foit en outre décrété que,
fi quelques productions, denrées ou marchandifes fujettes aux droits, ont été endommagées
durant le voyage, où fi elles ne font pas accompagnées de la facture originale de leur coût,
le receveur aura le droit de nommer un mar-
chand, & le propriétaire ou commiffionnaire un
autre; lefquels, après avoir prêté ferment ou
affirmation entre les mains du receveur, d'efti-
mer juftement & fidèlement ces marchandifes,
les évalueront en conféquence, & les droits fur
ces marchandifes feront eftimés conformément
à cette évaluation; & fi quelques balles ou autres marchandifes chargées en grenier, dont l'entrée aura été faite dans la forme prefcrite ci-
deffus, ne font pas duement livrées, ou, fi quelques-unes des balles ainfi entrées ne s'accordent
pas avec le manifefte, ou fi le manifefte ne s'accorde pas avec la livraifon; alors la perfonne
ayant le commandement, encourra l'amende &
paiera la fomme de deux cents dollars; à moins
qu'il ne foit évident que le défaut de confor-
mité provient d'une néceffité inévitable ou de

quelqu'accident, & non de l'intention de frauder les droits.

Section XVII. Et qu'il soit en outre décrété que les évaluations des droits *ad valorem* sur les productions, denrées & marchandises, aux lieux de leur importation, seront estimées en ajoutant vingt pour cent à leur prix effectif, pour tout ce qui sera importé du Cap de Bonne-Espérance, ou de tout port au-delà; & dix pour cent à leur prix effectif, pour tout ce qui sera importé de tout autre lieu ou pays, non-compris les autres frais.

Section XVIII. Et qu'il soit en outre décrété que toutes les espèces & monnoies étrangères seront estimées conformément aux taux suivans: chaque livre sterling de la grande Bretagne, à quatre dollars & quarante-quatre cents; chaque livre tournois de France, à dix-huit cents & demi; chaque florin ou guilder d'Hollande, à trente-neuf cents; chaque marc-banco d'Hambourg à trente-trois cents un tiers; chaque rixdaller de Suède à cent cents; chaque rouble de Russie à cent cents; chaque réale plate d'Espagne à dix cents; chaque milrec de Portugal à un dollar vingt-quatre cents; chaque livre ster-

G 4

Règle pour estimer les évaluations des droits *ad valorem*, aux lieux de l'importation.

Taux des espèces & monnoies étrangères.

ling d'Irlande à quatre dollars dix cents; chaque tale de la Chine à un dollar quarante-huit cents; chaque pagode de l'Inde à un dollar quatre-vingt-quatorze cents; chaque roupie du Bengal à cinquante-cinq cents & demi; & toutes les autres dénominations d'espèces à un taux le plus près possible des estimations ci-dessus, & les factures de toutes importations se calculeront dans l'espèce ou monnoie ayant cours, dans la place ou pays d'où viendront ces importations, & pas autrement (1).

Les factures se feront dans l'espèce ayant cours dans l'endroit où viendront les matières importées.

Section XIX. Et qu'il soit en outre décrété que

---

(1) Le Congrès n'a pas encore prononcé de loi relativement à la monnoie; mais on voit par la fixation de la valeur des monnoies étrangères, qui a été déterminée dans l'acte pour régler les droits de tonnage, que le dollar, divisé par cent, sera la pièce de monnoie qui servira d'objet dans la dénomination & évaluation des autres. Il a été proposé un plan à cet égard, qui sera probablement adopté. Les comptes pourront être subdivisés à l'infini par les fractions décimales auxquelles on pourra les réduire. Les pièces d'or, sous la dénomination de demi-aigle-d'aigle, de double aigle, contiendront toujours un nombre rond de dollars, ou de fractions de dollars en dixaines.

tous les droits fur les productions, denrées &
marchandifes importées feront payés par la perfonne qui les importera avant qu'elle obtienne
une permiffion de les débarquer ; à moins que
le montant de ces droits n'excède cinquante
dollars, auquel cas la perfonne faifant l'entrée, pourra s'engager, par une obligation qui
fera garantie par une ou plufieurs cautions fuffifantes, & toujours approuvées par le receveur,
à payer dans les termes fuivans, favoir : pour
les droits fur tous articles & productions des
Indes occidentales, fous quatre mois ; pour les
droits fur tous les vins de Madere, fous un
an ; & pour les droits fur toutes autres marchandifes, fous fix mois. Mais, dans tous les cas,
la perfonne faifant l'entrée aura la liberté, pour
affurer le paiement des droits qu'elle devra fur
quelque marchandife, de dépofer entre les mains
du receveur, telle partie de ces marchandifes que
le receveur jugera valoir le double des droits &
frais non foldés ; le receveur acceptera ce dépôt
au lieu de l'obligation & des cautions, & gardera
fûrement ces marchandifes aux frais & rifques
du dépofant, durant le terme pour lequel l'obligation auroit dû être faite ; & à l'expiration de
ce terme, fi ledit dépôt n'a pas été racheté par

le paiement des droits, lefdites marchandifes feront vendues à l'encan, & appliquées, autant que befoin fera, au paiement defdits droits ; le furplus, déduction faite de tous les frais, fera reftitué au propriétaire defdites marchandifes. *Pourvu toujours*, que quand le montant des droits excédera cinquante dollars, un efcompte fur le pied de dix pour cent par an, fera accordé pour le paiement avant terme, mais feulement fur l'excédent des cinquante dollars ; *& pourvu auffi* que perfonne, après avoir contracté une obligation pour le paiement des premiers droits, & n'y avoir pas fatisfait, ne pourra obtenir du receveur un fecond crédit, jufqu'à ce que la première obligation foit pleinement foldée ou acquittée.

Section XX. Et qu'il foit en outre décreté que tous les droits impofés par la loi fur le tonnage de tout vaiffeau ou navire, feront payés au receveur, dans les dix jours après l'entrée faite, & avant que ce vaiffeau ou navire obtienne fon acquit de départ ; le journal de ce vaiffeau ou navire fera remis lors de fon entrée au receveur, pour refter dans fes bureaux jufqu'au moment de l'acquit de départ.

Les droits de tonnage feront payés fous dix jours & avant l'acquit de départ

Section XXI. Et qu'il foit en outre décrété

que quand une obligation pour le paiement des droits ne sera pas satisfaite au jour de l'échéance, le receveur poursuivra le débiteur en recouvrement des deniers dus par action ou procès pardevant la cour qui en devra connoître; & dans tous les cas d'insolvabilité, ou quand les biens, entre les mains des exécuteurs testamentaires ou administrateurs, seront insuffisans pour payer toutes les dettes du défunt; la dette due aux Etats-Unis, sur une telle obligation, sera la première satisfaite.

Section XXII. Et qu'il soit en outre décrété que quand il sera prouvé que la facture de toutes productions, denrées ou marchandises dont l'entrée se sera faite chez le receveur, n'est pas conforme au prix effectif qu'elles auront dû coûter à l'endroit de l'exportation, & que cette différence aura eu pour objet de frauder les droits; toutes ces productions, denrées & marchandises, ou leur valeur, à prendre sur la personne faisant l'entrée, seront confisquées; dans ce cas, ou quand le receveur soupçonnera quelque fraude, & que les productions, denrées ou marchandises ne sont pas portées sur la facture à une somme égale à celle qu'elles se vendent

communément dans le lieu ou pays d'où elles
font importées, il fera du devoir de ce receveur de s'emparer defdites productions, denrées
& marchandifes, & de les retenir aux frais
& rifques du propriétaire ou du commiffionnaire, jufqu'à ce que leur valeur, à l'époque
& dans le lieu où elles ont été importées, foit
déterminée, d'après les principes établis par cet

Comment
leur valeur
fera détermi-
née.

acte, par deux marchands dignes de foi, choifis
refpectivement par le receveur & le propriétaire
ou commiffionnaire ; & que les droits que cette
évaluation entraînera foient d'abord acquittés,
ou caution pour leur paiement fournie, fuivant
qu'il eft prefcrit par cet acte dans les autres cas
d'importation.

Section XXIII. Et qu'il foit en outre décrété
qu'il fera permis au receveur ou autre officier des
droits, après l'entrée faite de productions, denrées

Le receveur
ou autre offi-
cier qui foup-
çonnera quel-
que fraude,
pourra faire
ouvrir & vifi-
ter les balles.

ou marchandifes, s'il foupçonne quelque fraude,
d'en faire ouvrir & vifiter une ou plufieurs balles
en préfence de deux ou de plufieurs marchands
dignes de foi ; & fi après cette vifite ces marchandifes fe trouvent conformes aux entrées,
l'officier qui les aura faifies, les fera remballer,
& les remettra auffitôt au propriétaire, ou à ce-

lui qui aura droit de les réclamer, & les frais de cette visite seront payés par le receveur & lui seront passés lors de la fixation de ses comptes ; mais si quelques-unes des balles ainsi visitées se trouvent contenir d'autres articles que ceux énoncés dans l'entrée, & que cette différence paroisse évidemment avoir eu pour objet de frauder les droits ; alors les productions, denrées & marchandises contenues dans ses balles seront confisquées ; *pourvu toujours* que si le propriétaire ou commissionnaire de marchandises qui seroient venues sans la facture originale, préféreroit d'attendre la réception de cette facture ; en ce cas, le receveur prendra en sa garde toutes ces productions, denrées & marchandises, & les emmagasinera aux frais & risques du propriétaire ou commissionnaire, jusqu'à ce que la facture arrive, ou qu'ils soient d'accord pour les faire évaluer.

Section XXIV. Et *qu'il soit en outre décrété,* que tout receveur, officier de marine & inspecteur ou toutes autres personnes spécialement nommées par eux à cet effet, auront plein pouvoir & autorité de monter sur tout vaisseau au navire dans lesquels ils auront quel-

Les marchandises sujettes aux droits & cachées, seront cherchées, saisies & mises en lieu de sûreté.

que raison de soupçonner que des productions,
denrées ou marchandises sujettes aux droits
peuvent être cachées, d'y chercher, saisir &
de s'emparer de ces productions, denrées ou
marchandises ; & s'ils ont quelque raison de
soupçonner qu'il y en ait de cachées dans les
logis, maison, magasin ou autre lieu appartenant à un particulier, ils ou l'un d'eux, en s'a-
dressant à un juge de paix & prêtant entre
ses mains le serment ou l'affirmation, auront
droit d'en obtenir une ordonnance pour entrer
dans cette maison, ce magasin ou tout autre
lieu (pendant le jour seulement) & d'y faire
la visite ; & si quelques unes de ces marchandises s'y trouvent, ils les saisiront & s'en empareront pour qu'il soit jugé & prononcé
sur le fait, & toutes les productions, denrées
& marchandises sur lesquelles les droits n'auront pas été payés ou leur paiement cautionné,
encourrent confiscation.

Section XXV. *Et qu'il soit en outre décrété*
que toutes productions, denrées & marchandises saisies en vertu de cet acte, seront mises
& demeureront en la garde du receveur jusqu'à
ce qu'il ait pu être duement déterminé suivant

les formes prescrites par cet acte, si elles sont confiscables ou non; & s'il est jugé qu'elles ne le sont pas, elles seront rendues immédiatement au propriétaire ou reclamant. Et si une ou quelques personnes achetent ou recélent des productions, denrées & marchandises qu'elles sauront sujettes à saisie d'après cet acte; cette ou ces personnes, lorsqu'elles seront convaincues du fait, seront condamnées à payer une somme double de la valeur des marchandises ainsi recelées ou achetées.

Amende pour acheter ou receler des marchandises sujettes aux droits.

Section XXVI. Et qu'il soit en outre décrété que les différens officiers qui seront nommés ou employés en vertu de cet acte, se saisiront & s'empareront de tous vaisseaux ou navires, toutes productions, denrées, ou marchandises qui seront sujettes à saisie en vertu de cet acte, aussi bien hors que dedans les limites de leurs districts respectifs.

Les officiers pourront saisir aussi bien hors que dedans les limites de leurs districts.

Section XXVII. Et qu'il soit en outre décrété que si officier ou autre personne exécutant ou aidant & assistant à exécuter une saisie de marchandises est poursuivi en justice ou molesté pour toute chose faite en vertu des pouvoirs

Un officier poursuivi en justice, ou molesté, peut justifier de cet acte.

qui lui font donnés par cet acte ou en vertu d'une ordonnance légalement accordée par un juge de paix, cet officier ou autre perfonne pourra requerir la preuve des charges (1) & exhiber de cet acte comme piece juftificative ; & fi dans ces fortes de procés le demandeur eft débouté ou condamnné, il fera adjugé double dépens au défendeur ; & dans toutes actions, procès ou informations, en cas de faifie faite conformément à cet acte, fi quelque perfonne reclame fa propriété, la preuve de propriété, *onus probandi*, tombera fur le réclamant. Et fi quelque perfonne s'oppofe ou refifte à force ouverte à des officiers des droits, à leurs délégués ou à toute autre perfonne qui les aideroit à mettre leurs fonctions à exécution, les délinquans feront condamnés pour chaque délit à toute fomme au deffous de quatre cens dollars.

Section XXVIII. Et qu'il foit en outre décrété que tous receveurs, officiers de marine & infpecteurs, feront tenus, dans les trois premiers mois qu'ils entreront dans les fonctions de leurs

Les receveurs, officiers de marine & infpecteurs, fourniront caution pour la fidèle exécution de leurs fonctions.

---

(1) C'eft-à-dire, demander que les jurés décident s'il eft coupable ou non du fait dont on l'accufe.

offices,

offices, de figner une obligation avec caution d'un ou plufieurs répondans, qui devront être approuvés par le contrôleur de la tréforerie des Etats-Unis; cette obligation payable aux Etats-Unis & qui répondra de la fidélité & de l'exactitude avec laquelle ces officiers rempliront les fonctions de leurs offices fera fixée de la maniere fuivante, favoir : pour le receveur de Philadelphie, foixante mille dollars; le receveur de New-York, cinquante mille dollars, le receveur de Bofton, quarante mille dollars; les receveurs de Baltimore & Charlefton, trente mille dollars; le receveur de Norfolk & Portf-mouth, quinze mille dollars; les receveurs de Portfmouth dans le Newhampshire, de Salem & Beverley, Wilmington, Annapolis, George-Town dans le Maryland, Bermuda-Hundred & City-Point, & Alexandrie, dix mille dollars chacun; pour les receveurs de Newbury-port, Gloucefter, Marblehead, Plymouth, Nantucket, Portland & Falmouth, New-London, New-Haven, Fairfield, Perthamboy, Chefter, Oxford, York Town, Dumfries, George-Town dans la Caroline fud, Beaufort & Savannah, cinq mille dollars chacun; & pour tous les autres receveurs deux mille dollars chacun. Pour les officiers de marine, aux ports de Boston, Newyork, Philadelphie, Baltymore-Town & Charleston, dix mille dollars chacun; & pour chacun des autres officiers de marine, deux mille dollars. Pour les inspecteurs des ports de Boston, New York, Philadelphie, Baltymore - Town & Charleston, cinq mille dollars chacun, & pour chacun des autres inspecteurs, mille dollars. Ces obligations seront déposées & gardées dans le bureau dudit contrôleur; & il pourra les mettre en justice & en exiger le paiement au profit des Etats-Unis de la part des officiers qui auront prévariqué dans leurs offices.

Section XXIX. Et qu'il soit en outre décrété qu'il sera accordé & payé aux receveurs, officiers de marine & inspecteurs qui seront nommés en vertu de cet acte, les salaires & droits suivans, savoir: à tout receveur pour chaque entrée de vaisseau ou navire du port de cent tonneaux ou au-dessus, deux dollars & demi; pour chaque acquit de partance de vaisseau ou navire du port de cent tonneaux ou au-dessus, deux dollars & demi; pour chaque entrée de vaisseau ou navire au dessus du port de cent tonneaux, un dollar & demi; pour

Leurs salaires & droits.

chaque acquit de partance de vaiſſeau ou navire au-deſſous du port de cent tonneaux, un
dollar & demi; pour chaque permiſſion de
mettre des marchandiſes à terre , vingt
cents; pour chaque obligation contractée officiellement , quarante cents ; pour chaque
permiſſion de charger des marchandiſes pour
exportation dont les droits ſont ſujets à remiſe,
trente cents; pour chaque certificat officiel, vingt
cens ; pour chaque certificat de ſanté , vingt
cents ; pour chaque autre inſtruction officielle,
(excepté le journal) requiſe par le propriétaire ou maître de tout vaiſſeau ou navire,
& non énoncée ci-deſſus , vingt cents ; & dans
les ports où il aura été nommé auſſi un officier de marine, leſdits droits ſeront partagés
également entre le receveur & ledit officier de
marine ; chacun d'eux entrant de moitié dans
la dépenſe néceſſaire du papier & des frais de
bureaux, ainſi que dans la location d'un loge-
ment ſervant de bureau, que le receveur choiſira dans le lieu de ſa réſidence qui ſera le plus
convenable pour le commerce du diſtrict, &
dans lequel bureau, leſdits receveur & officier
de marine auront au moins chacun une cham-

bre féparée ; & lefdits droits feront perçus par le
receveur qui arrêtera les comptes tous les mois,
& payera à l'officier de marine la portion qui
pourra lui être due au bout de ce terme: il
fera accordé à chaque infpecteur, pour toutes
les fonctions que la loi lui enjoint de remplir
à bord de tout vaiffeau ou navire du port de
cent tonneaux & plus, & ayant à bord des
productions, denrées & marchandifes fujettes
aux droits, trois dollars ; à bord de tout vaiffeau ou navire de moins de cent tonneaux de
port, & ayant à bord des productions, denrées & marchandifes fujettes aux droits, un
dollar & demi ; & fur tout vaiffeau ou navire n'ayant à bord aucunes productions, denrées ou marchandifes fujettes aux droits, deux
tiers de dollar : ces droits feront payés au receveur par le maître ou propriétaire du vaiffeau
ou navire à bord duquel le fervice fe fera fait ;
& le receveur tiendra compte toutes les femai-
nes à l'infpecteur des droits qu'il aura ainfi
perçus ; il fera alloué à chaque fous-infpecteur
pour chaque jour de fervice actif pour les officiers des droits, toute fomme au deffous d'un
dollar & vingt-cinq cents, laquelle fomme lui

fera payée par le receveur fur les fonds du revenu public, & par lui portée en compte ; aux mefureurs, pefeurs & jaugeurs, il fera alloué & payé par le receveur des fonds du revenu, pour le mefurage de chaque centaine de boiffeaux de charbon, vingt-cinq cents ; pour le mefurage de chaque centaine de boiffeaux de fel ou de grains, dix-huit cents ; pour la péfée de chaque cent douze livres, un cent ; pour le jaugeage de chaque tonneau, fix cents. Il fera en outre alloué aux receveurs à chacun des ports fuivans, favoir : Bofton, Salem & Beverley, New-York, Philadelphie, Baltimore, Norfolk ou Portfmouth & Charlefton, un demi pour cent fur le montant de tout l'argent que chacun d'eux percevra & verfera dans le tréfor des Etats - Unis ; & aux receveurs dans chacun des autres ports établis par cet acte, un pour cent fur le montant de tout l'argent perçu par eux refpectivement & verfé dans le tréfor des Etats Unis. Chaque receveur, officier de marine & infpecteur fera afficher, & tiendra toujours dans un endroit vifible & évident de fon bureau, un tarif exact des falaires & droits exigibles en vertu de la loi, & en cas de contravention, il fera condamné à une amende de

Ils afficheront des tarifs de leurs droits

H 3

cent dollars au profit de leur accufateur & aux dépens, par toute cour devant laquelle l'action devra être intentée ; & fi quelque officier du revenu exige ou perçoit quelque droit, compen-fation ou falaire plus fort que celui qui lui eft attribué pour chacune des fonctions] que la loi lui enjoint, il encourra & fera condamné à une amende de deux cents dollars pour chaque contravention, exigibles comme nous l'avons vu ci-deffus & au profit de la partie léfée.

Amende pour deman-de de droits au-deffus du tarif.

Section XXX. Et *qu'il foit en outre décrété* que les taxations & droits à percevoir en vertu de cet acte, ne feront perçus qu'en monnoies d'or & d'argent & conformément aux taux fuivans, favoir ; les monnoies d'or de France, d'An-gleterre, d'Efpagne & de Portugal, & toutes les autres monnoies d'or d'égal titre, à quatre-vingt-neuf cents pour chaque denier de poids. Le dollar du Mexique à cent cents ; l'écu de France à un dollar & onze cents, la couronne d'Angleterre à un dollar & onze cents ; & toutes les autres monnoies d'argent d'un égal titre, à un dollar onze cents par once.

Taux des monnoies avec lefquel-leson recevra les droits & taxations.

Section XXXI. Et *qu'il foit en outre décrété* que toutes les remifes de droits accordées par

Remifes où elles feront foldées.

la loi fur l'exportation des productions ; denrées & marchandifes importées, feront payées
ou allouées par le receveur dans le bureau duquel l'entrée defdites productions, denrées &
marchandifes fe fera faite & pas ailleurs, en
retenant un pour cent au profit des Etats-Unis.

Section XXXII. Et qu'il foit en outre décrété
qu'aucunes productions, denrées ou marchandifes ayant droit à la remife, ne feront rechargées avant que l'entrée en ait été faite chez
le receveur du port d'où l'on aura deffein d'exporter ces marchandifes ; & cette entrée contiendra un état détaillé des tonneaux & balles,
leurs marques, numéros & contenus, leur coût,
le ou les navires fur lefquels ils ont été importés, le ou les lieux d'où ils l'ont été, &
la ou les perfonnes ayant deffein d'exporter
ces marchandifes s'obligeront, & fourniront
une ou plufieurs cautions fuffifantes, à ce que
ces marchandifes ou aucune partie d'entr'elles
ne foient remifes à terre dans aucun port ou lieu
renfermé dans les limites des Etats-Unis, fuivant qu'elles ont été fixées par le dernier traité
de paix ; & de plus elles attefleront par ferment
ou affirmation, la verité de leur entrée & que

les productions, denrées & marchandises qui y sont énoncées, sont portées à leur quantité, qualité & valeur réelle & conformément à leur premiere entrée intérieure (1) laquelle entrée avoit été duement faite dans le tems de leur importation, suivant que le prescrit cet acte, & que la qualité est la même qu'au tems de leur importation. La personne exportant ces marchandises, ne pourra exiger la remise ou restitution des droits, qu'au moins six mois après cette exportation & qu'après avoir produit au receveur chez lequel il aura fait son entrée extérieure, un certificat par écrit de deux marchands dignes de foi, du lieu ou port étranger dans lequel ses marchandises auront été mises à terre ainsi que le serment ou l'affirmation du maître & du lieutenant du navire sur lequel elles ont été exportées, pour constater qu'elles ont été livrées ; mais au cas que ce navire ait été naufragé ou que des accidens inévitables aient empêché le débarquement, il sera exigé une protestation en bonne

______

(1) Il faut distinguer deux entrées ou *déclarations*, l'une intérieure, c'est-à-dire, lorsqu'on importe ; l'autre extérieure, c'est-à-dire, lorsqu'on exporte.

forme faite par le maître & le lieutenant ou quelques-uns des matelots ; & si on ne peut se procurer une telle protestation, alors le serment ou l'affirmation de la personne exportant sera reçue en place des autres preuves requises par cet acte, à moins qu'il n'y ait de bonnes raisons de suspecter la véracité de ce serment ou affirmation, auquel cas le receveur pourra être & sera autorisé à exiger d'autres preuves ultérieures, suivant que la nature du cas pourra le requérir. *Pourvu aussi* que nullesp roductions, denrées ou marchandises importées n'auront droit à la remise des droits, à moins que ces droits ne montent à vingt dollars au moins; à moins que ces marchandises ne soient exportées dans les mêmes tonneaux & emballages, & du même port ou district dans lequel elles avoient été importées originairement, & enfin à moins qu'elles ne soient rechargées sous l'inspection du receveur, de l'officier de marine ou de l'inspecteur du port.

Section XXXIII. Et *qu'il soit en outre décrété* que les sommes fixées & accordées par la loi sur l'exportation du poisson sec ou salé, & de toutes

provifions falées feront payées par le receveur du
port ou du diftrict d'où ces denrées feront exportées : *pourvu*, que l'entrée requife en fera
d'abord faite & les obligations fournies, comme
dans les cas de remife de droit, & qu'aucune
prime de cette efpece ne fera dans le cas d'être
accordée à moins qu'elle ne monte au moins
à trois dollars fur chaque entrée.

Section XXXIV. Et *qu'il foit en outre décrété*
que fi quelques productions, denrées ou marchandifes enrégiftrées pour exportation, & dans
la vue d'obtenir la remife des droits ou la
prime accordée par la loi, font remis à terre
dans aucun lieu ou port renfermé dans les
limites des Etats Unis ; ces productions, denrées ou marchandifes, ainfi que le navire de
deffus lequel elles auront été déchargées, &
les bâtimens & bâteaux fervant à les mettre
à terre, feront fujets à faifie & confifcation,
& toutes perfonnes accufées & convaincues d'a-
voir participé à cette contravention, feront condamnées à garder prifon durant un terme,
qui cependant n'excédera pas fix mois ; & dans
le cas de découverte de fraude, & de faifie
de productions, denrées & marchandifes re-

mifes à terre en contravention à la loi, les différens officiers établis par cet acte, auront les mêmes pouvoirs & fuivront les mêmes formes pour les faifies que dans les cas de productions, denrées & marchandifes importées en contravention à la loi : & pour les mefurages, pefées & jaugeages des marchandifes pour exportation, il fera alloué les mêmes droits que dans les cas d'importations de ces mêmes marchandifes.

Section XXXV. Et *qu'il foit en outre décrété* que fi quelque officier des droits, prend ou reçoit directement ou indirectement, quelque préfent, falaire ou récompenfe pour conniver, ou s'il connive en effet à une fauffe entrée d'aucun vaiffeau ou navire, ou de productions, denrées ou marchandifes & qu'il en foit convaincu, cet officier fera condamné à payer pour chaque délit une fomme, jamais moindre de deux cents, ni au-deffus de deux mille dollars, & déclaré à l'avenir incapable d'occuper aucun emploi de confiance ou de profit fous les Etats-Unis; & toute perfonne donnant ou offrant quelque préfent, falaire ou recompenfe pour une telle déception, collufion ou fraude, fera

condamnée pour chaque délit à une somme
jamais moindre de deux cents ni au-deſſus de
deux mille dollars : & dans tous les cas où un
ſerment ou une affirmation ſera en vertu de cet
acte, exigé d'un maître ou autre perſonne ay ant
le commandement d'un vaiſſeau ou navire, ou
d'un propriétaire ou commiſſionnaire de productions, denrées ou marchandiſes, la perſonne jurant ou affirmant, ſi elle ſe parjure
ou affirme à faux & qu'elle en ſoit accuſée
& convaincue, ſera punie de l'amende ou de
la priſon, ou de tous les deux comme il plaira
à la cour devant laquelle la conviction ſera prononcée, de façon cependant que l'amende n'excéde pas mille dollars ni le terme d'empriſonnement une année.

Section XXXVI. Et *qu'il ſoit en outre décrété*
que le paiement de toutes les amendes réſul-
tantes de contravention à cet acte, ſera pour-
ſuivi & obtenu ainſi que les dépens & frais
de pourſuite, au nom des Etats-Unis, devant
toute cour qui en pourra connoître, par le ſeul
receveur du diſtrict où les amendes auront été
encourues, excepté dans les cas d'amendes tom-
bant ſur un officier des droits ; & ce receveur

sera & est autorisé par cet acte à suivre & poursui-
vre le payement de ces amendes jusqu'à ce
qu'il soit effectué, & à en distribuer & solder le
montant à ceux au profit de qui l'amende aura
été prononcée, après avoir déduit, comme de
droit, les frais & dépenses nécessaires. Et tous
vaisseaux ou navires, productions, denrées ou
marchandises qui seront en contravention à cet
acte, seront saisis, libellés, & leur confiscation
poursuivie comme ci dessus devant la cour qui
en devra connoître; & la cour donnera qua-
torze jours de notice de ces saisie & exploit, en
faisant insérer dans un papier public le plus près
possible du lieu de la saisie, la substance de
l'exploit, ainsi que l'ordonnance de la cour
rendue sur cet exploit, laquelle désignera le
lieu & le tems choisis pour le jugement de cette
poursuite; & aussi en les faisant afficher de la manière la plus manifeste pendant l'espace de qua-
torze jours dans le lieu ou près du lieu du jugement, & une proclamation en sera faite de
la manière que la cour ordonnera; & si personne ne se présente pour les reclamer, ce vaisseau ou navire, ces productions, denrées ou
marchandises seront déclarés confisqués; mais
si quelqu'un se présente avant le jugement de

confifcation , & reclame ce vaiffeau ou navire,
ces productions, denrées ou marchandifes , &
s'oblige par écrit à défendre à leur pourfuite
& à répondre des frais & dépens; en cas qu'il
ne puiffe prouver fon droit, la cour procédera
à entendre & juger la caufe conformément à
la loi : & fur la prière de tout réclamant à
la cour, que le vaiffeau ou navire, les productions , denrées ou marchandifes ainfi faifis &
pourfuivis, ou telle partie d'entr'eux foient remis
à lui réclamant, la cour fera autorifée à nommer trois perfonnes compétentes pour évaluer
ce vaiffeau ou navire, ces productions, denrées ou marchandifes , lefquelles perfonnes prêteront ferment en pleine audience de remplir
fidelement leurs fonctions ; & cette évaluation
fera faite aux dépens de la partie requerante;
& fur le rapport de cette évaluation, fi le
réclamant fournit une plufieurs cautions agréées
par la cour, qui garantiffent l'obligation qu'il
contractera dans la forme ordinaire , envers
les Etats-Unis, de payer une fomme égale à
celle à laquelle ledit vaiffeau ou navire, lefdites productions, denrées ou marchandifes
auront été évalués, la cour ordonnera que ledit
vaiffeau ou navire , lefdites productions, den-

rées & marchandises requis par ledit réclamant,
lui soient remis, & l'obligation sera déposée
entre les mains de tel officier de la cour qu'il
appartiendra ; & si le jugement prononce en
faveur du réclamant, la cour ordonnera que
ladite obligation soit biffée & annullée ; mais
si le jugement prononce contre le réclamant
pour la totalité ou une partie dudit vaisseau,
desdites productions, denrées ou marchandises,
& que le réclamant n'ait pas dans le terme
de vingt jours payé pardevant la cour, le montant de la valeur estimée de ce vaisseau ou
navire, de ces productions ou marchandises
ainsi déclarés confisqués, avec les dépens ; ladite
obligation sera mise en justice ; quand une
poursuite sera intentée pour déclarer confiscables le vaisseau ou navire, les productions,
denrées ou marchandises saisis & que le jugement sera rendu en faveur du réclamant ; s'il
paroît à la cour qu'il y avoit cause suffisante à
saisie, elle en fera délivrer un certificat ou
déclaration ; & dans ce cas le réclamant ne
pourra prétendre aux dépens, ni la personne
qui a fait la saisie, ni le poursuivant ne pourront être actionnés ni mis en cause relativement à cette saisie ou poursuite : *Pourvu*, que

le vaisseau ou navire, les productions, denrées ou marchandises seront rendus immédiatement après le jugement, au réclamant ou
à son fondé de pouvoir : *Et pourvu*, qu'aucune
action ou poursuite ne sera soutenue en aucun
cas résultant de cet acte, à moins que cette
action ou poursuite n'ait été intentée dans les
trois ans après que l'amende ou contravention
aura été encourrue.

Comment
& par qui se-
ront vendus
les navires ou
marchandi-
ses condam-
nés en vertu
de cet acte.

Section XXXVII. Et *qu'il soit en outre décrété*
que tous vaisseaux, navires, denrées, productions ou marchandises déclarés confisqués en
vertu de cet acte, seront vendus par un officier de la cour dans laquelle cette condamnation sera prononcée, au plus haut & dernier
enchérisseur, par l'ordre de cette cour & dans
le lieu qu'elle fixera, après quinze jours au
moins de notice (excepté en cas de marchandises en péril) & de publication dans un
ou plusieurs des papiers publics du lieu où cette
vente se fera. Et s'il n'y a point de papier
public dans ce lieu, dans un ou plusieurs
des papiers publics dans le lieu le plus voisin.

Appropria-
tion des a-
mendes &
confiscations

Section XXXVIII. Et *qu'il soit en outre décrété*
que toutes les amendes & confiscations perçues

en

en vertu de cet acte (& dont il ne fera pas
difpofé d'autre manière) déduction faite de tous
les frais & charges , feront diftribuées comme
il fuit : une moitié fera pour l'ufage des Etats-
Unis & verfée dans le tréfor public ; l'autre
moitié fera divifée en trois portions égales &
payées au receveur, à l'officier de marine &
à l'infpecteur du diftrict où ces amendes auront été encourues ; & dans les diftricts où il
n'aura été établi que deux des fufdits officiers,
ladite moitié fera également partagée entre eux
deux ; & dans les diftricts où il n'aura été établi
que deux des fufdits officiers, ladite moitié fera
également partagée entr'eux deux ; & dans un diftrict où un feul des fufdits officiers aura été établi,
ladite moitié lui fera accordée ; *Pourvu néanmoins* , que dans tous les cas où ces amendes
& confifcations feront perçues en conféquence
d'information donnée audit receveur par une
autre perfonne que ledit officier de marine &
l'infpecteur , la moitié de cette moitié fera
donnée au dénonciateur, & le refte fera par-
tagé entre le receveur , l'officier de marine &
l'infpecteur, dans la maniere & forme prefcrite
ci-deffus.

Et d'autant que l'état de Rhode-Ifland &

I

Rhode-Ifland & la Caroline-Nord.

des plantations de la Providence & celui de la Caroline-Nord (1) n'ont pas encore ratifié la préfente conftitution des Etats-Unis, en raifon de quoi la perception des droits en vertu de cet acte ne s'étend pas à l'intérieur de ces deux états ; il eft en conféquence de toute néceffité que les décrets fuivants rélatifs aux productions, denrées ou marchandifes importées de l'an ou de l'autre de ces états, aient lieu provifoirement pour la préfente année.

Seront fujets aux mêmes droits pour les marchandifes qu'ils importeront dans les Etats-unis que les pays étrangers.

Section XXXIX. Qu'en conféquence il foit en outre décrété que toutes les productions, denrées & marchandifes de crû ou de manufacture étrangère qui feront importées de l'un ou l'autre defdits états de Rhode-Ifland & des plantations de la Providence ou de de la Caroline Nord, dans aucun autre lieu ou port compris dans les limites des Etats-Unis, telles qu'elles ont été fixées par le dernier traité de paix, feront fujettes aux mêmes droits, faifies & confifcations que les productions, denrées ou mar-

---

(1) La Nord-Caroline a ratifié la Conftitution des Etats-Unis depuis la promulgation du préfent acte du Congrès.

chandiſes importées d'aucun autre état ou pays hors deſdites limites.

Section XL. Et qu'il ſoit en outre décrété que que nulles productions, denrées ou marchandiſes de crû ou manufacture étrangère ſujettes au paiement des droits, ne ſeront importées dans les Etats-Unis d'aucune autre maniere que par mer, ni ſur aucun vaiſſeau ou navire de moins de trente tonneaux de port, excepté dans le diſtrict de Louis-Ville, (1) & excepté auſſi ſur les vaiſſeaux qui ſont actuellement en route ; & qu'elles ne ſeront miſes à terre ou déchargées dans aucun autre lieu que ceux preſcrits par cet acte, ſous peine de ſaiſie & confiſcation des navires, productions, denrées & marchandiſes amenées, dechargées ou miſes à terre de toute autre maniere. Et toutes les productions, denrées & marchandiſes amenées dans les Etats-Unis par terre, en contravention à cet acte, ſeront confiſquées ainſi que

Les marchandiſes de crû étranger, &ſujettes aux droits import- es dans les Etats-unis, excepté par mer, & ſur certains navires ſeront expoſées à confiſcation.

----

(1) Louisville eſt ſituée dans le Kentuky, où l'on ne peut arriver de la mer qu'en remontant le Miſſiſſipi, dont le paſſage, par la Louiſiane, n'eſt pas encore libre.

les voitures, chevaux & bœufs qui ferviront à les amener.

FREDERICK AUGUSTE MULHENBERG orateur de la chambre des repréfentans.

JEAN - ADAMS, vice - préfident des Etats Unis & préfident du fenat.

Approuvé le 31 juillet 1789.

GEORGE WASHINGTON, préfident des Etats-Unis.

CHAPITRE VI.

Acte pour régler les comptes entre les Etats - Unis & les particuliers.

Section Iere. Qu'il foit paffé en acte par le fénat & la chambre des repréfentans des Etats-Unis d'Amérique affemblés en Congrès. Que le préfident des Etats-Unis fera, & demeure par cet acte autorifé à préfenter, & avec & de l'avis & confentement du fénat, à nommer telle perfonne ou perfonnes qu'il jugera propres à remplir toute place vacante maintenant, ou qui pourra le devenir dans le bureau

Comment les places vacantes au bureaudes commiffaires feront remplies des commiſſaires établis par une ordonnance du dernier Congrès du ſept mai mil ſept cent quatre-vingt-ſept, à l'effet de mettre à exécution ladite ordonnance & les réſolutions du Congrès pour le réglement des comptes entre les Etats-Unis & les états particuliers.

Section II. Et qu'il ſoit en outre décrété que ledit bureau des commiſſaires ſera & demeure par cet acte autoriſé à nommer un commis en chef & autant d'autres commis que leurs fonctions pourront l'exiger ; & que la paye dudit commis en chef ſera de ſix cents dollars par an, & celle de chaque autre commis de quatre cents dollars par an.

Commis à nommer.

Leurs ſalaires.

FREDERICK AUGUSTE MULHENBERG, orateur de la chambre des repréſentans.

JEAN ADAMS, vice-préſident des Etats-Unis & préſident du ſenat.

Approuvé le 5 août 1789.

GEORGE WASHINGTON, préſident des Etats-Unis.

CHAPITRE VII.

Acte pour établir un département exécutif sous le nom de département de la guerre.

Secrétaire du département de la guerre.

Section Iere. Qu'il soit passé en acte par le sénat & la chambre des représentans des Etats-Unis d'Amérique assemblés en Congrès, qu'il sera établi un département exécutif sous le nom de département de la guerre ; & qu'à la tête de ce département sera un officier principal sous le nom de secrétaire du département de la guerre, qui remplira les fonctions qui de tems à autre lui seront enjointes ou confiées par le président des Etats-Unis conformément à la Constitution ; & ces fonctions seront rélatives à des brevets ou commissions dans l'armée, aux forces de terre & de mer,

Ses fonctions

aux vaisseaux ou approvisionnemens de guerre des Etats - Unis , aux donations de terre accordées aux personnes qui les auront méritées par leurs services militaires pour les Etats-Unis , aux affaires avec les Indiens , ou enfin à tout autre objet concernant les affaires de la guerre ou de la marine que le président des Etats-

Unis affignera audit département. *Et en outre*
que ledit officier principal adminiftrera les affaires dudit département de la maniere que
le préfident des Etats Unis lui enjoindra & lui
recommandera de tems à autre.

Section II. Et *qu'il foit en outre décrété* qu'il
y aura dans ledit département un officier inférieur que ledit officier principal nommera &
auquel il affignera les fonctions qu'il jugera à
propos ; & cet officier inférieur fera appellé
le commis en chef du département de la guerre ;
& quand ledit officier principal fera privé de
fon office par le préfident des Etats Unis ou
dans tout autre cas de vacance, ledit commis
en chef durant cette vacance aura la charge
& garde de tous les regiftres, livres & papiers
appartenans audit département.

Section III. Et *qu'il foit en outre décrété* que
ledit officier principal & toute autre perfonne
qui fera nommée par commiffion ou employée
dans ledit département, prêtera, avant que d'entrer
dans les fonctions de fon office ou emploi, un
ferment ou une affirmation de remplir bien &
fidelement la charge qui lui eft commife.

I 4

Le fecrétaire aura la charge & garde des papiers, &c. du département de la guerre.

Section IV. Et *qu'il foit en outre décrété* que le fecrétaire du département de la guerre qui fera nommé en vertu de cet acte, aura droit auffitôt après fa nomination de prendre la garde & charge de tous les regiftres, livres & papiers du fecrétariat du département de la guerre précédemment établi par les Etats-Unis affemblés en Congrés.

FREDERIC AUGUSTE MULHENBERG, orateur de la chambre des repréfentans.

JEAN ADAMS, vice-préfident des Etats-Unis & préfident du fénat.

Approuvé le 7 août 1789.

GEORGE WASHINGTON, préfident des Etats-Unis.

CHAPITRE VIII.

Acte pour pourvoir au gouvernement du terri-toire nord oueft de la rivière Ohio.

Expofé.

Et d'autant qu'il eft néceffaire, afin que l'ordonnance des Etats-Unis affemblés en Con-grès pour le gouvernement du territoire nord, oueſt de la riviere Ohio, puiſſe continuer dans ſa pleine & entière exécution, d'y changer certains articles, afin de l'adapter à la préſente Conſtitution des Etats-Unis.

Section Iere. Qu'il ſoit paſſé en acte par le ſénat & la chambre des repréſentans des Etats-Unis d'Amérique, aſſemblés en Congrès; que dans tous les cas où par ladite ordonnance, le gouverneur dudit territoire devoit faire paſſer quelque communication ou informations aux Etats-Unis aſſemblés en Congrès ou à un de leurs officiers, ledit gouverneur ſera tenu déſormais de faire paſſer cette information ou communication au préſident des Etats-Unis; que le préſident préſentera, &, par & de l'avis & conſentement du ſénat, nommera tous les officiers qui par ladite ordonnance devoient être nommés par les Etats-Unis aſſemblés en Congrès, & que les officiers ainſi nommés prendront de lui leurs commiſſions; & que dans tous les cas où les Etats-Unis aſſemblés en Congrès pouvoient revoquer une commiſſion ou démettre quelqu'un de ſon office en vertu de ladite ordonnance, le préſident aura maintenant le même pouvoir de revoquer & de démettre.

Le gouverneur ſera paſſer à l'avenir toutes les informations au préſident des Etats-unis

Comment les officiers ſeront nommés.

Brevetés.

Et démis.

En cas de mort, abfence, &c., le fecrétaire du gouverneur remplira fes fonctions durant cette vacance

Section II. Et qu'il foit en outre décrété qu'en cas de mort, de rappel, démiffion ou abfence néceffaire du gouverneur dudit territoire, fon fecrétaire fera & demeure par cet acte autorifé & commis à mettre à exécution tous les pouvoirs & à remplir toutes les fonctions du gouverneur durant la vacance occafionnée par le rappel, démiffion ou abfence néceffaire dudit gouverneur.

FREDERICK AUGUSTE MULHENBERG, orateur de la chambre des repréfentans.

JEAN ADAMS, vice-préfident des Etats-Unis & préfident du fenat.

Approuvé le 7 août 1789.

GEORGE WASINGTON, préfident des Etats-Unis.

CHAPITRE IX.

Acte pour établir & entretenir des fanaux, fignaux, bouées & jettées.

Dépenfes qui feront payées après le 15 août

Section Iere. Qu'il foit paffé en acte par le fénat & la chambre des repréfentans des Etats-Unis d'Amérique affemblés en Congrès; que les dépenses qui réfulteront , depuis & après le quinze août mil fept cent quatre ving-neuf, de l'entretien & réparation néceffaires de tous les fanaux, fignaux, bonées & jettées, élevés, établis ou jettés avant la paffaffion de cet acte à l'entrée de, ou dans l'intérieur de tous havres, des baies, golfes ou ports des Etats-Unis pour en rendre la navigation facile & fûre, feront payées du tréfor des Etats-Unis : *pourvu néanmoins* qu'aucune de ces dépenfes ne continuera d'être à la charge des Etats Unis après une année revolue à compter de la date ci-deffus, à moins que pendant ce tems ces fanaux, fignaux, bonées & jettées avec les terres & tennemens qui leur appartiennent & la jurifdiction de ces terres & tennemens, n'aient été cédés aux Etats Unis par l'état ou les états dans lefquels ils font établis.

Section II. Et *qu'il foit en outre décrété* qu'il fera conftruit un fanal proche l'entrée de la baie de Chefapeake, à l'endroit où le préfident des Etats Unis l'ordonnera, après toutefois la ceffion faite aux Etats-Unis, comme il eft dit ci-deffus.

Section III. Et *qu'il foit en outre décrété* que le fecrétaire de la tréforerie fera chargé de

des contrats pour la conftruction, réparation, &c, quand il en fera befoin.

paffer des contrats avec l'approbation du préfident des Etats-Unis, pour la conftruction d'un fanal proche l'entrée de la baie de Chefapeake, & pour la reconftruction quand il en fera befoin, & l'entretien, réparations & fervices néceffaires des fanaux, fignaux, bouées & jettées dans les différens états; & auffi de convenir d'un prix pour les falaires, gages ou louage de la perfonne ou des perfonnes que le préfident nommera pour les furveiller & en prendre foin.

Les pilotes fuivront les réglemens établis par les loix actuelles de chaque état,

Section IV. Et *qu'il foit en outre décrété* que tous les pilotes dans les baies, golfes, rivières, havres & ports des Etats-Unis, continueront à fe conformer aux réglemens établis par les loix actuelles de chacun des états dans lefquels ces pilotes fe trouveront, ou par celles que ces états pourront refpectivement paffer à cet égard, jufqu'à ce qu'il y ait été pourvu d'une autre manière par le Congrès.

FREDERICK AUGUSTE MULHENBERG, orateur de la chambre des repréfentans.

JEAN ADAMS, vice-préfident des Etats-Unis & préfident du fénat.

Approuvé le 7 août 1789.

GEORGE WASHINGTON, préfident des Etats-Unis.

CHAPITRRE X.

*Acte pourvoyant aux dépenses que pourront en-
traîner les négociations ou traités avec les
tribus indiennes & aux appointemens des commissaires qui en seront chargés.*

Section Iere. Qu'il soit passé en acte par le sénat & la chambre des représentans des Etats-
Unis d'Amérique assemblés en Congrès, qu'une
somme n'excédant pas vingt mille dollars &
prélevée sur les droits sur le tonnage & sur
les importations, sera & demeure par cet acte
destinée à solder les dépenses résultantes des négociations & des traités avec les tribus indiennes.

Section II. Et qu'il soit en outre décrété que
le salaire de chacun des officiers qui seront
nommés pour conduire ces négociations &
traités sera de huit dollars par jour, durant
son service actif, outre ces dépenses dans le lieu

où le traité fe négociera, & ces appointemens feront pris fur le fonds y deſtiné.

FREDERICK AUGUSTE MULHENBERG,
orateur de la chambre des repréſentans.

JEAN ADAMS, vice-préſident des Etats-
Unis, préſident du fénat.

Approuvé le 20 août 1789.

GEORGE WASHINGTON, préſident
des Etats-Unis.

CHAPITRE XI.

*Aɛte pour l'enrégiſtrement & l'acquit des na-
vires, le réglement du cabotage & autres objets.*

Seɛtion Ire. Qu'il ſoit paſſé en aɛte par le
ſénat & la chambre der repréſentans des Etats-
Unis d'Amérique, aſſemblés en Congrès, que
tout vaiſſeau ou navire conſtruit dans les Etats-
Unis & appartenant tout entier à un ou pluſieurs citoyens, ou conſtruit hors des Etats-Unis,
mais devenu avant le feize mai mil fept cent
quatre-vingt-neuf, la propriété pleine & en-

rière d'un ou plusieurs citoyens & continuant à l'être par la suite, & enfin dont le capitaine sera citoyen des Etats-Unis, pourra seul être enrégistré de la manière suivante, & après cet enrégistrement sera réputé, estimé & dénommé vaisseau ou navire des Etats-Unis, & en cette qualité aura droit de jouir des avantages accordés par les loix des Etats - Unis, à leurs vaisseaux ou navires.

Section II. Et qu'il soit en outre décrété que la personne ou les personnes prétendant à un droit de propriété sur un tel vaisseau ou navire, seront tenues de le faire enrégistrer, & prendront un certificat de cet enrégistrement du receveur du district dans le ressort duquel sera ce vaisseau ou navire ; ce certificat attesté, signé & scellé de la main du secrétaire de la trésorerie & contre signé du receveur, sera dans la forme suivante, savoir :

Les personnes qui feront enrégistrer, prendront un certificat.

En conséquence d'un acte du Congrès des Etats - Unis d'Amérique, intitulé *acte pour l'enrégistrement & l'acquit des navires, le réglement du cabotage & autres objets.* [Insérez ici le nom, l'état & la résidence du propriétaire soussignant.] Ayant prêté & signé le ser-

Forme du certificat.

ment ou l'affirmation preſcrite par ledit acte, & juré ou affirmé qu'il eſt ſeul ou conjointement avec [les noms, états & réſidences des propriétaires non-ſouſſignans] propriétaire du vaiſſeau (ou navire) appellé le [le nom du vaiſſeau] de [le port auquel ce vaiſſeau ou navire appartient] & dont [le nom du capitaine] citoyens des Etats-Unis eſt à préſent capitaine & que ledit vaiſſeau (ou navire) a été [quand & où il a été conſtruit] & [le nom de l'officier inſpecteur] nous ayant certifié que ledit vaiſſeau (ou navire) a [le nombre de ponts] & ..... mats que ſa longueur eſt de....... ſa largeur de....... ſa profondeur de......... & qu'il eſt du port........ tonnneaux, qu'il eſt [ici décrivez le navire & ſa conſtruction] qu'il à....... galerie &....... figure : & ledit propriétaire ſouſſignant ayant conſenti & ſe rapportant à la deſcription & au meſurage ci-deſſus & nous ayant donné des ſûretés ſuffiſantes comme ledit acte l'exige, ledit [l'eſpèce & le nom du navire] a été duement enrégiſtré au port de....... par nous ſigné & ſcellé officiellement au [le port] ce [la date en toutes lettres].

Et

Et le receveur fera paſſer au ſecrétaire de
la tréſorerie un duplicata de chaque certificat
ainſi délivré ; & le ſecrétaire de la tréſorerie
aura ſoin d'envoyer aux receveurs des différens
ports des Etats Unis un nombre ſuffiſant de
certificats avec atteſtation ſignée & ſcéllée de
ſa main, en laiſſant à chacun des receveurs
les blancs à remplir.

Section III. Et qu'il ſoit en outre décrété que
pour déterminer le tonnage de tout vaiſſeau
ou navire, l'inſpecteur ou autre perſonne nommée par le receveur pour le meſurer, prendra
la longueur du vaiſſeau, s'il eſt à deux ponts,
du devant de l'étrave au derrière de l'étam-
bord au-deſſus du ſecond pont, & la largeur
dans la partie la plus large au-deſſus de la
préceinte baſſe & la moitié de cette largeur ſera
reputée la profondeur de tout vaiſſeau à deux
ponts ; il déduira alors de la longueur trois
cinquièmes de la largeur, multipliera le reſte
par la largeur, & le produit par la profondeur ;
& diviſant le produit du tout par 95,
le quotient ſera regardé comme le contenu
exact ou le tonnage de ce vaiſſeau ou navire.
Pour déterminer le tonnage de tout vaiſſeau à

K

un pont, il prendra la longueur & la largeur comme pour les vaisseaux à deux ponts & déduira pareillement trois cinquièmes ; il prendra la profondeur du plancher intérieur du pont jusqu'aux vaigres de fond, multipliera & divisera comme ci-dessus, & le quotient sera réputé le contenu exact ou le tonnage de ce vaisseau à un pont.

Section IV. Et qu'il soit en outre décrété que le port auquel tout vaisseau ou navire sera réputé appartenir conformément au sens & au but de cet acte, sera le port auquel résideront ordinairement le ou les fréteurs, armateurs ou propriétaires de ce vaisseau ou navire ; & le nom de ce vaisseau ou navire ainsi que celui du port auquel il appartiendra seront peints à sa poupe sur une bande noire avec des lettres blanches d'au moins trois pouces de long.

Section V. Et qu'il soit en outre décrété que nul vaisseau ou navire appartenant en tout ou en partie à un citoyen des Etats-Unis résidant ordinairement en pays étranger, ne sera réputé vaisseau des Etats-Unis ni enregistré en vertu de cet acte durant tout le tems que ce ciroyen réfidera en pays étranger, à moins qu'il ne foit l'affocié & l'agent de quelque maifon de commerce ou compagnie compofée de citoyens des Etats-Unis, commerçant effectivement dans lefdits états.

Section VI. Et qu'il foit en outre décrété que l'officier autorifé ci-devant à faire les enrégiftremens & à en délivrer les certificats, ne fera aucun enrégiftrement, ni ne délivrera aucun certificat, jufqu'à ce que le ferment ou l'affimation ci-après, qu'il eft autorifé par cet article à faire prêter, foit prêté & figné entre fes mains par le propriétaire de ce vaiffeau ou navire s'il appartient à une feule perfonne; ou s'il appartient à deux ou à plufieurs perfonnes, par l'un des propriétaires, favoir :

Moi....... de [le lieu de la réfidence & l'état] je jure ou j'affirme que le vaiffeau ou navire........ de [prendre la defcription dans le certificat de l'infpecteur ou autre perfonne autorifée par ledit acte] a été confruit à........ dans l'année....... ou appartenoit en totalité à....... le feize mai mil fept cent quatre-vingt-neuf & a continué à appartenir entièrement à un ou à des ci-

Aucun enrégiftrement ne fera fait ni aucun certificat délivré jufqu'à la preftation du ferment.

Formule du ferment.

K 2

toyens des Etats-Unis ; que........ préfen-
tement capitaine eft citoyen des Etats-Unis,
& que moi........ [les noms & l'état des
autres propriétaires & le lieu de leur réfidence
refpective, c'eft-à-dire la ville, le lieu, le
comté & l'état, ou s'ils réfident en pays étrangers comme agens ou affociés de quelque
maifon ou compagnie de commerce] fuis le
feul propriétaire, ou fommes les propriétaires
dudit vaiffeau ou navire, & que perfonne autre n'y a droit ; & que moi ledit........
[& lefdits propriétaires s'il y en a plufieurs]
fuis ou fommes vraiment citoyens des Etats-
Unis, & que nul étranger n'a de part ou intérêt directement ou indirectement dans ledit
vaiffeau ou navire.

*Section VII. Pourvu toujours Et qu'il foit
en outre décrété,* que quand le ou les propriétaires
d'un tel vaiffeau ou navire réfidera ou réfideront
ordinairement hors du diftrict dans lequel ce
vaiffeau ou navire pourra fe trouver lors de
la délivrance des certificats d'enrégiftrement,
ce propriétaire, ou s'il y en a plufieurs, l'un
d'entr'eux prêtera, & fignera ledit ferment ou
l'affirmation en préfence du receveur du dif-

trict où il réfidera ordinairement ; omettant
dans ledit ferment ou l'affirmation la defcription du vaiffeau ou navire telle qu'elle eft
détaillée dans le certificat de l'infpecteur, & y
inférant à la place le nom du port & du diftrict
où le navire ou vaiffeau pourra fe trouver
alors ; & le receveur par-devant lequel ce ferment ou cette affirmation fera prêté & figné,
le fera paffer au receveur du diftrict dans lequel
fe trouvera le vaiffeau ou navire, & alors ce
receveur enrégiftrera le vaiffeau ou navire de la
même manière que fi le ferment ou l'affirmation ordinaire & réguliere avoit été prêté &
figné par-devant lui.

Section VIII. Et *qu'il foit en outre décrété*
que l'infpecteur, où toute autre perfonne nommée, conformément à cet acte, fera tenu,
avant l'enrégiftrement, ou la délivrance d'aucun certificat d'enregiftrement, d'examiner &
mefurer ledit vaiffeau ou navire, dans toutes
les dimenfions énoncées dans le certificat ci-
deffus, en préfence du maître ou de toute autre
perfonne prépofée par le ou les propriétaires ;
& il remettra un état, par écrit, fidèle & exact
de la conftruction, defcription & mefure, telles

L'infpecteur
mefurera les
navires en
préfence du
maître ou de
toute autre
perfonnepré-
pofée par les
propriétaires

K 3

qu'elles font fpécifiées dans la formule du certificat ci-deſſus rapporté, à la perſonne duement autoriſée à faire cet enregiſtrement, & à en accorder le certificat; & il eſt enjoint, par cet acte, au maître, ou autre perſonne prépoſée par le ou les propriétaires, de ſigner ſon nom au bas du certificat de l'inſpecteur, de l'examinateur, ou autre perſonne duement nommée, pour en atteſter la vérité; pourvu que ledit maître, ou l'autre perſonne prépoſée, ſoit d'accord avec l'inſpecteur des dimenſions & détails qui y ſeront rapportés & décrits.

<table>
<tr><td>

Le maître & le propriétaire de chaque navire s'obligeront, par écrit, à ne pas vendre, prêter, ni diſpoſer de leur certificat d'enrégiſtrement.

</td><td>

Section IX. Et *qu'il ſoit en outre décreté* qu'une fois le certificat d'enrégiſtrement délivré, le capitaine & le ou les propriétaires, ou toute autre perſonne prépoſée par lui ou par eux, contracteront une obligation au profit des Etats Unis, ſous la garantie d'une ou pluſieurs cautions ſuffiſantes & agréées par le receveur; & en cas de contravention à la clauſe de cette obligation, ils encourront les amendes ci-après, c'eſt-à-dire, pour un vaiſſeau du port, de plus de quinze tonneaux, & ne paſſant pas cinquante, l'amende ſera de quatre cent dollars; pour un du port de plus de cinquante, & ne paſſant pas

</td></tr>
</table>

(151)

cent tonneaux, l'amende fera de huit cents dollars; pour un du port de plus de cent, & ne
paſſant pas deux cents tonneaux, l'amende fera
de douze cents dollars; enfin, pour tout vaiſſeau
au-deſſus de trois cents tonneaux de port, l'a-
mende fera de deux mille dollars; & la clauſe
de toute obligation de cette eſpèce, fera, que
ce certificat d'enregiſtrement ne fera prêté,
vendu ni engagé d'aucune manière, à aucune
perſonne quelconque, mais qu'il fera employé
uniquement pour le ſervice du vaiſſeau ou navire pour lequel il aura été accordé; & qu'en
cas que ce vaiſſeau ou navire ſoit perdu ou pris
par l'ennemi, brûlé ou démoli, ou que quelqu'autre accident l'empêche de retourner au port auquel
il appartient, le certificat, s'il a été conſervé, ſera
remis par le capitaine, ſous trois mois après
ſon arrivée, au receveur du diſtrict dans lequel il arrivera; & que, ſi quelqu'étranger ou
autre perſonne, pour lui, achète ou acquiert de
telle manière que ce ſoit, la totalité, ou une
part, ou un intérêt dans ledit vaiſſeau ou navire, & que ce vaiſſeau ou navire ſoit alors
dans quelque diſtrict des Etats-Unis; en ce
cas, le certificat d'enrégiſtrement ſera remis au
receveur dudit diſtrict, ſous les ſept jours qui

fuivront cet achat, ou ce tranfport de propriété;
& en cas que ce vaiffeau ou navire foit en mer
ou dans un pays ou port étranger, lorfque ce
tranfport d'intérêt ou de propriété aura lieu,
ledit capitaine fera tenu, dans les huit jours
après fon arrivée dans tout lieu ou port des Etats-
Unis, de remettre ledit certificat au receveur
du diftrict dans lequel il arrivera; & chaque
receveur fera paffer tous les certificats qui lui
auront été remis, au fecrétaire de la tréforerie,
pour être biffés & annullés.

Navire à faire enrégiftrer de nouveau.

Section X. Et *qu'il foit en outre décrété*
que quand un vaiffeau ou navire, euregiftré
conformément à cet acte, fera vendu ou tranfporté en totalité ou en partie, à un ou à plufieurs
citoyens des Etats-Unis, le premier certificat
d'enrégiftrement fera remis au receveur, & par
lui envoyé, fans délai, au fecrétaire de la tréforerie, pour être biffé, & ce vaiffeau ou navire
fera enrégiftré de nouveau fous fon premier
nom, & le certificat délivré par le receveur,
de la même manière qu'il eft prefcrit ci-deffus.

'Les actes de tranfport ontiendront

Section XI. Et *qu'il foit en outre décrété* que
quand un tel vaiffeau ou navire fera vendu ou

transporté en tout ou en partie, à une ou plusieurs personnes, le certificat d'enregistrement
de ce vaisseau ou navire sera rapporté tout au
long sur l'acte de transport ou de vente; faute
de quoi cet acte de vente ou de transport sera
nul, & ce vaisseau ou navire ne sera pas censé
ni réputé avoir droit de jouir des avantages de
vaisseau ou navire des Etats-Unis.

Section XII. Et qu'il soit en outre décrété,
que quand la charge ou le commandement de
tout vaisseau ou navire, enrégistré de la manière ci-dessus prescrite, sera transféré à une
autre personne; le maître ou propriétaire remettra au receveur du district dans lequel ce
changement aura lieu, le certificat d'enregistrement de ce vaisseau ou navire; le receveur
portera la note de ce changement au dos du
certificat, & la signera, puis il en donnera
immédiatement avis au receveur du district dans
lequel ce vaisseau ou navire aura été dernièrement enrégistré conformément à cet acte. Ce
receveur portera pareillement cette note sur son
registre, & en fera passer une copie au secrétaire de la trésorerie.

Section XIII. Et qu'il soit en outre décrété

En cas de perte d'un certificat, le capitaine prêtera le serment.

que fi le certificat d'enrégiſtrement de quelque vaiſſeau ou navire, ſe trouve perdu ou détruit, le maître ou autre perſonne ayant la charge dudit vaiſſeau ou navire, pourra prêter ſerment ou affirmation entre les mains du receveur du diſtrict où ce vaiſſeau ou navire arrivera; lequel receveur demeure autoriſé par cet acte à le faire prêter dans la formule ſuivante :

Formule du ſerment.

Moi............capitaine, ou ayant la charge du vaiſſeau ou navire appellé le........... je jure ou j'affirme que ledit vaiſſeau ou navire a été, comme je le crois ſincérement, enregiſtré conformément à la loi, ſous le nom de ....& que le certificat en a été délivré au port de........mais qu'il a été perdu ou détruit (ſuivant le cas) & que, s'il ſe retrouve & qu'il retombe entre mes mains, il ſera remis au receveur du port où il a été délivré; & que le capitaine dudit vaiſſeau ou navire eſt citoyen des Etats-Unis; que ledit vaiſſeau ou navire appartient entièrement, comme je le crois, à un ou pluſieurs citoyens des Etats-Unis, & qu'aucun étranger n'y a, à ma connoiſſance, aucune part ou aucun intérêt.

Et ledit ſerment ſera dépoſé dans le bureau

du receveur qui l'aura fait prêter ; & il lui est enjoint d'enrégistrer ledit vaisseau de nouveau sous son premier nom, de prendre des sûretés de la manière qu'il est prescrit ci-dessus, & de délivrer le certificat d'enrégistrement au propriétaire, s'il réside dans son district, sinon au capitaine, ou à toute autre personne ayant la charge dudit vaisseau ou navire, en y ajoutant que le certificat d'enrégistrement est accordé conformément à cet acte, pour tenir lieu du premier certificat d'enrégistrement, qui paroît, d'après les preuves exigées par cet acte, avoir été perdu, & ce second certificat produira le même effet que l'original, & ledit receveur en fera passer, sous trois mois, un duplicata au secrétaire de la trésorerie , pour qu'il soit enrégistré dans son bureau. Celui-ci en donnera avis au receveur, qui avoit délivré le certificat perdu ou détruit, & il est enjoint à ce dernier d'en tenir note sur son livre de registres.

Section XIV. *Et qu'il soit en outre décrété* que si quelque vaisseau ou navire, après avoir été enrégistré conformément à cet acte, éprouve quelque altération dans sa forme ou dans son

Et le receveur enrégistrera le vaisseau de nouveau sous son premier nom

Les vaisseaux ou navires enrégistrés, le seront de nouveau s'ils éprouvent quelque altération.

port, qu'il foit rallongé ou rehauffé, ou qu'il change de dénomination par la façon & la forme de fon armement ou de fes agrès : alors ce vaiffeau fera enrégiftré de nouveau fous fon premier nom, de la manière preferite ci-def-fus, auffitôt après fon retour, au port auquel il appartiendra, ou fon arrivée dans tout autre port où il pourra être duement enregiftré en vertu de cet acte ; fans quoi ce vaiffeau ou na-vire ne fera pas cenfé ni réputé vaiffeau ou navire des Etats-Unis.

Manière de compter les enrégiftre-mens.

Section XV. Et qu'il foit en outre décrété que le receveur de chaque diftrict où fe feront les enregiftremens, & où fe délivreront les certi-ficats conformément à cet acte, les numérotera à mefure qu'il les délivrera, commençant à l'é-poque où cet acte aura force de loi, & conti-nuant jufqu'à la fin de la préfente année, & à l'avenir, commençant avec chaque année ; & qu'il copiera exactement ces certificats & leurs numéros, fur un livre qui fera gardé à ce def-fein, & que, fous trois mois, il en fera paffer au fecrétaire de la tréforerie, une copie fidèle, ainfi que le numéro de chaque certificat qu'il délivrera de cette manière.

(157)

Section **XVI.** *Et qu'il soit en outre décrété* que tout vaisseau ou navire construit dans les Etats-Unis, après le quinze Août mil sept cent quatre-vingt-neuf, & appartenant en tout ou en partie, à des sujets de puissances étrangères, sera consigné (1) de la manière suivante dans le bureau du receveur du district où ce vaisseau ou navire aura été construit, c'est-à-dire, le constructeur de ce vaisseau ou navire prêtera serment ou affirmation, entre les mains du receveur de son district, qui est autorisé, par cet acte, à le lui faire prêter dans la formule suivante :

« Moi.........de [insérer ici le lieu de sa résidence, le comté & état] constructeur; je jure ou j'affirme que [désigner ici l'espèce de navire] nommé..........ayant [le nombre des ponts].........de longueur.........de largeur.......de profondeur, du port de...... tonneaux, avec.........gallerie &.........

---

(1) *Consigné* signifie ici enrégistré; mais j'ai cru devoir employer, comme en anglois, un autre mot, pour le distinguer du premier enrégistrement auquel ne sont admis que les navires appartenans entièrement à des sujets des Etats-Unis.

figure, a été conftruit par moi ou fous mes ordres, à [le lieu, le comté & l'état] dans les
Etats-Unis, en l'année.........

Le ferment
fera configné

Lequel ferment ou laquelle affirmation fera
configné comme il eft prefcrit ci-deffus, dans le
livre gardé à ce deffein.

Le receveur
accordera un
certificat de
configuation

Section XVII. Et qu'il foit en outre décrété
qu'un certificat de ladite confignation, attefté,
figné & fcellé par le receveur du diftrict, fera
délivré au maître de chaque vaiffeau ou navire,
dans la forme fuivante :

Formule du
certificat.

Conformément à un acte intitulé : acte...
....
moi.........receveur du diftrict de.......
dans les Etats-Unis, je certifie que le conftruc-
teur [fon nom] de [le lieu de fa réfidence, le
comté & l'état] ayant juré ou affirmé que le
vaiffeau ou navire [défigner ici l'efpèce de navire] nommé le.........dont.........eft à
préfent maître, a été conftruit à [le lieu, le
comté & l'état où il a été conftruit] par lui,
ou fous fes ordres, en l'année.........& [in-
férer ici le nom de l'infpecteur, ou de la perfonne nommée par le receveur, quand il n'y

aura point d'inspecteur] ayant certifié que ledit
vaisseau ou navire a [le nombre de ponts]....
de longueur.........de largeur.........de
profondeur , & est du port de.........ton-
neaux ; & ledit constructeur & le maître étant
d'accord sur ladite description & mesure , ledit
vaisseau ou navire a été consigné dans le district
de.........dans les Etats-Unis ; en foi de quoi
j'ai signé & scellé ce.........[la date.]

Et ce certificat sera consigné dans le bureau du
receveur , & il en fera passer un duplicata au
secrétaire de la trésorerie des Etats-Unis , pour
être consigné dans son bureau.

Section XVIII. Et qu'il soit en outre décrété
qu'il est enjoint, par cet acte, à l'inspecteur,
ou à toute autre personne nommée par le receveur de remettre audit receveur du district, dans
lequel ce certificat de consignation sera délivré,
un état exact & par écrit de la construction,
description & mesure de chacun de ces vaisseaux ou navires, telles qu'elles sont spécifiées
dans la forme dudit certificat de consignation
de ces vaisseaux ou navires, lequel état sera aussi
signé par le maître.

Section XIX. Et qu'il soit en outre décrété
que si le nom ou le commandement de tout

vaiffeau ou navire ainfi configné, change le propriétaire en tout ou en partie, ou le commif-fionnaire de ce vaiffeau ou navire, fera porter au dos du certificat de confignation, la note de ce changement, par le receveur du diftrict dans lequel ce vaiffeau ou navire fe trouvera, ou dans lequel il arrivera, fi ce changement a eu lieu en pays étranger, & une copie en fera tranfcrite fur le livre de confignations, & une autre en-voyée par le receveur au receveur du diftrict dans lequel aura été délivré le certificat, celui-ci l'enrégiftrera fur fon livre de confignation, & fera paffer un duplicata de fon enrégiftre-ment au fecrétaire de la tréforerie des Etats-Unis; & en ce cas, jufqu'à ce que le proprié-taire ou commiffionnaire ait fait porter ladite note de changement au dos du certificat, ledit vaiffeau ou navire ne fera pas cenfé ni réputé vaiffeau configné conformément à cet acte.

Section XX. Et *qu'il foit en outre décrété* que le maître ou autre perfonne pourvue du com-mandement de tout vaiffeau ou navire configné conformément à cet acte, fera tenu, en faifant l'entrée de ce vaiffeau ou navire, de produire le certificat de cette confignation, au receveur

du

du diftrict ; faute de quoi ledit vaiffeau ou navire n'aura pas droit aux privilèges des vaiffeaux
confignés.

Section XXI. Et qu'il foit en outre décrété,
que toutes les amendes & confifcations infligées
& encourues par cet acte feront exigées, pour-
fuivies & perçues pardevant les mêmes cours,
& réparties de la même manière que le feront
les amendes & confifcations infligées ou encourues par toute offenfe contre les Etats-
Unis, par & en vertu d'un acte intitulé :
*Acte pour régler la perception des droits impo-
fés par la loi fur le tonnage des vaiffeaux ou navires, & fur les productions, denrées & marchandifes importées dans les Etats Unis.*

Section XXII. Et qu'il foit en outre décrété que
dès & après le dix décembre-prochain, inclufivement, tout vaiffeau ou navire du port de
vingt tonneaux, & au-deffus, conftruit dans les
Etats-Unis, & appartenant entièrement à un
ou plufieurs citoyens, ou conftruit hors des
Etats-Unis, mais devenu avant & y compris
le feize mai mil fept cent quatre-vintg-neuf,
la propriété pleine & entière d'un ou plufieurs

L

citoyens des Etats-Unis, & continuant à l'être ;
s'il n'est pas enregistré, & qu'il soit destiné,
de district à district, ou aux pêcheries du banc
de Terre-Neuve, ou à la pêche de la baleine,
sera obligé, afin d'avoir droit à tous les privilèges de vaisseaux ou navires appartenans aux
Etats-Unis, & employés au cabotage ou aux

pêcheries, d'être enrôlé par le receveur du district dans lequel le propriétaire, où l'un des propriétaires de ce navire résidera ; & tout navire
ainsi enrôlé aura son nom & le nom du port
auquel il appartiendra, peint sur sa poupe, de
la manière prescrite par cet acte aux vaisseaux
enregistrés ; & lorsque le ou l'un des propriétaires de ce vaisseau ou navire aura attesté au

receveur, par serment ou affirmation prêtée
entre ses mains, le nom de ce vaisseau, son
port, son espèce, & qu'il répond à la description
ci-dessus, les noms du ou des propriétaires & du
capitaine, & qu'ils sont citoyens des Etats-Unis ;
enfin, le ou les lieux de résidence de ce ou de
ces propriétaires ; ledit receveur enrôlera, sur un
livre gardé à cet effet, le nom de ce vaisseau,
son port, son espèce, le lieu où il aura été construit, le nom ou les noms, le lieu ou les lieux
de résidence du ou des propriétaires, sa ou leur

qualité de citoyens des Etats-Unis, une description de la construction de ce vaisseau, & la date
de son enrôlement ; il délivrera aussi au ou aux
propriétaires, un certificat contenant copie de
cet enrôlement, & il fera passer au secrétaire de
la tréforerie, une copie de chacun de ces certificats d'enrôlement, pour être consignée par
lui ; & toutes les fois que la propriété de ce
vaisseau ou navire changera en tout ou en partie, la ou les personnes à qui elle passera,
instruira ou instruiront de ce changement le receveur de son ou de leur district ; & il est enjoint,
par cet acte, à ce receveur, de délivrer un nouveau certificat d'enrôlement de ce vaisseau ou
navire, sous son premier nom, au ou aux nouveaux propriétaires sur la restitution du premier
certificat, & de renvoyer ce premier certificat
au bureau du receveur où il aura été délivré originairement, pour y être biffé & annullé ; *pourvu*
que le maître ou propriétaire de tout navire de
moins de vingt tonneaux de port, jusqu'à cinq inclusivement, qui cabotera de district à district dans
les Etats-Unis, sera tenu de faire peindre le nom
de ce navire, & du lieu auquel il appartiendra
sur la poupe, de la manière prescrite par cet
acte pour les vaisseaux enrégistrés, & d'obtenir

tous les ans un privilège du receveur du district auquel ce navire appartiendra; & cet acte autorise le receveur à accorder ce privilège, portant que ce navire sera exempt de faire l'entrée & d'acquitter le terme d'un an, à compter du jour de la date de ce privilège; & le maître ou propriétaire de ce navire s'obligera, avec caution suffisante, à payer deux cents dollars au profit des Etats-Unis, sous la clause que ce navire ne sera employé à aucun commerce ou trafic illicite, & avant de pouvoir obtenir un nouveau privilège pour l'année suivante. Le maître ou propriétaire de ce navire sera obligé d'attester avec serment ou affirmation qu'il sait ou qu'il croit que ce navire n'a servi à aucun commerce illicite, durant le temps pour lequel il étoit privilégié.

Section XXIII. Et qu'il soit en outre décrété que le maître, capitaine ou propriétaire de tout vaisseau ou navire du port de vingt tonneaux & au-dessus, destiné à faire le commerce, de district à district, dans les Etats-Unis, ou de tout navire destiné aux pêcheries de Terre-Neuve, ou à celles de la baleine, lorsqu'il aura son certificat d'enregistrement ou d'enrôlement, pourra, en s'adreffant au receveur du diftrict où ce vaiffeau mouillera , obtenir un privilège pour faire le commerce, de diftrict à diftrict, ou pour entreprendre la pêche de Terre-Neuve , ou bien celle de la baleine, durant un an; & le receveur fera tenu de le délivrer; mais il n'en délivrera aucun avant que le ou les propriétaires qui le demanderont, n'aient payé le droit de tonnage, & ne fe foient obligés, avec caution fuffifante, à payer mille dollars aux Etats-Unis, fous la claufe que ce navire ne fera, durant le temps pour lequel le privilège fera accordé, employé à aucun commerce ou trafic illicite; & fi l'on trouve quelque vaiffeau ou navire du port de vingt tonneaux, ou au-deffus, faifant le commerce, de diftrict à diftrict, ou employé aux pêcheries de Terre-Neuve, ou à la pêche de la baleine, ce vaiffeau ou navire fera fujet aux mêmes tonnages ou droits que les vaiffeaux ou navires étrangers.

Section XXIV. Et *qu'il foit en outre décrété* que le maître ou capitaine de tout vaiffeau ou navire chargé pour un port étranger, fera obligé de remettre au receveur du diftrict dans lequel fe trouvera ce vaiffeau ou navire, un ma-

manifeſte, &
obtiendra un
acquit.

nifeſte de la cargaiſon qu'il aura à bord ; &
après qu'il aura atteſté par ſerment ou affirmation, la vérité de ce manifeſte, ledit receveur
ſera tenu de délivrer un acquit de partance
pour ce vaiſſeau ou navire, & ſon chargement,
& ſi quelque vaiſſeau ou navire chargé pour
un port étranger, part de ſon port de chargement ſans cet acquit, le maître, capitaine,
commiſſionnaire ou propriétaire encourra l'a-

Amende en
cas de con-
travention.

mende, & paiera la ſomme de deux cents dollars pour chaque contravention.

Le maître
de tout na-
vire du port
de vingt ton-
neaux & au-
deſſus, com-
merçant de
diſtrict à diſ-
trict, & ayant
à bord cer-
taines mar-
chandiſes, re-
mettra deux
manifeſtes.

Section XXV. Et qu'il ſoit en outre décrété
que le maître de tout vaiſſeau ou navire du
port de vingt tonneaux ou au deſſus, privilégié pour faire le commerce entre les différens
diſtricts des Etats - Unis, ayant à bord des
productions, denrées ou marchandiſes, de crû
étranger ou manufacture étrangère, pour la
valeur de deux cents dollars, ou plus de
quatre cents galons de rum, ou autres liqueurs ſpiritueuſes, & étant en charge d'un
diſtrict pour un autre, ſera tenu de remettre
au receveur, &, dans les diſtricts où le receveur & l'inſpecteur réſideront dans des lieux
différens, à celui des deux qui réſidera au port

ou le plus près du port, où ce vaisseau ou navire mouillera, deux manifestes de toute la cargaison à bord de ce vaisseau ou navire, soit que cette cargaison consiste entièrement en productions, denrées ou marchandises de crû étranger ou manufacture étrangère, ou bien seulement en partie de ces productions, denrées ou marchandises, & en partie de productions, denrées & marchandises de crû ou manufacture des Etats Unis ; & il sera tenu d'y spécifier le nom & le lieu de la résidence de chaque fréteur & commissionnaire, ainsi que la quantité de productions, denrées ou marchandises chargées par & pour chacun d'eux ; & lorsque ledit maître aura attesté par serment ou affirmation par-devant le receveur ou l'inspecteur la vérité de son manifeste, & qu'il ne croit ni n'a aucune raison de croire que le revenu des Etats-Unis ait été fraudé sur aucun des droits imposés sur l'importation des productions, denrées & marchandises énoncées en sondit manifeste ; ledit receveur ou inspecteur rendra au maître un desdits manifestes, après y avoir certifié que le serment requis ou l'affirmation requise par la loi, a été prêté entre ses mains, & délivrera

Et on attestera la vérité par serment.

Et le receveur lui en rendra un & lui accordera une permission.

audit maître une permission qui l'autorisera à continuer sa route jusqu'au lieu de sa destination.

De façon & pourvu toujours, que quand des productions, denrées ou marchandises de crû étranger ou de manufacture étrangère, seront transportées de Philadelphie à Baltymore, & *vice versâ*, par & à travers de l'état de Delaware : il suffira d'un manifeste certifié comme il est prescrit ci-dessus par les officiers de l'un des deux ports, pour garantir le transport de ces productions, denrées & marchandises dans l'autre desdits ports, sans qu'il soit besoin d'une entrée intermédiaire dans le district de Delaware.

Pourvu toujours, que le capitaine de tout vaisseau ou navire privilégié pour un an, n'ayant à bord que des productions, denrées ou marchandises de crû, ou manufacture des Etats-Unis, excepté le rum & autres liqueurs spiritueuses au dessus de quatre cents gallons ; & en charge d'un district pour un autre dans le même état, ou d'un district dans un état, pour un district dans l'état limitrophe , ne

fera point obligé de remettre deux manifeftes,
ni de demander une permiffion ; mais il
pourra fe rendre légalement, franc & fans in-
terruption à tout autre diftrict dans le même
état ou dans l'état limitrophe.

Section XXVI. **Et** *qu'il foit en outre décrété*
que le capitaine de tout vaiffeau ou navire
du port de vingt tonneaux ou au deffus, privilégié pour un an, ayant à bord des productions, denrées ou marchandifes de crû ou
manufacture des Etats Unis feulement, lorfqu'il fera chargé d'un diftrict pour un diftrict
dans un autre état, mais non dans un état
limitrophe, fera obligé de remettre au receveur, ou bien quand le receveur & l'infpecteur
réfideront dans deux endroits différens, dans
le même diftrict, à celui des deux qui réfidera au port, ou le plus près du port où fon
vaiffeau ou navire arrivera, deux manifeftes
de toute la cargaifon à bord de ce vaiffeau
ou navire, dans lefquels manifeftes feront fpécifiés le nom & le lieu de la réfidence de
chaque fréteur & commiffionnaire, ainfi que
la quantité de denrées, productions ou marchandifes chargées par & pour chacun d'eux;

Lorfqu'ils feront en charge d'un diftrict pour un diftrict, dans un état autre qu'un état voifin, le capitaine remettra deux manifeftes, &c.

Prêtera serment.

& après que ledit capitaine aura attesté par serment ou affirmation par-devant le receveur ou l'inspecteur la vérité de son manifeste, ce receveur ou inspecteur sera tenu de rendre au capitaine un des deux manifestes, après y avoir certifié que le serment requis ou l'affirmation requise par la loi, a été prêté entre ses mains,

Et obtiendra une permission.

& de délivrer audit capitaine une permission qui l'autorisera à continuer sa route jusqu'au lieu de sa destination.

Arrivant au port pour lequel il est chargé, il remettra un manifeste, prêtera serment, & recevra une permission.

Section XXVII. Et qu'il soit en outre décrété que le capitaine de tout vaisseau ou navire du port de vingt tonneaux ou au dessus, privilégié pour un an, n'ayant à bord ni rum ni autres liqueurs spiritueuses en quantité, excédant quatre cents gallons, chargé de productions, denrées ou marchandises de crû ou manufacture des Etats-Unis seulement; & arrivant d'un district dans un autre du même état, ou d'un district d'un état, dans un district d'un état limitrophe, sera tenu, dans les vingt-quatre heures (dimanches exceptés) qui suivront son arrivée dans tout lieu ou port où résidera un receveur ou inspecteur, & avant qu'aucune partie de la cargaison à bord de son

vaisseau ou navire ait été mise à terre & déchargée, de remettre un manifeste à ce receveur
ou inspecteur, & de jurer pardevant lui, que
ce manifeste contient un état exact & fidèle
de toutes les productions, denrées & marchandises à bord de ce vaisseau ou navire; après
quoi, il recevra de ce receveur ou inspecteur
une permission de les mettre à terre, ou de les
décharger.

Section XXVIII. Et *qu'il soit en outre décrété* que dans tous les autres cas, le capitaine
de tout navire du port de vingt tonneaux ou
au dessus, privilégié pour un an, sera obligé,
dans vingt quatre heures (dimanches exceptés)
qui suivront son arrivée dans tout lieu ou port
des Etats - Unis , où résidera un receveur ou
inspecteur , & avant qu'aucune partie de la
cargaison à bord de ce vaisseau ou navire ait
été déchargée ou mise à terre, de remettre à
ce receveur ou inspecteur son manifeste, tel
qu'il aura été attesté & délivré par le receveur
ou l'inspecteur du lieu ou port où cette cargaison aura été prise à bord, ainsi que sa permission de départ; sur quoi, ce receveur ou
cet inspecteur sera tenu de lui délivrer une
permission de mettre à terre ou décharger sa
cargaison.

Amende pour les vaisseaux qui partiront sans manifeste & sans permission.

Section XXIX. Et *qu'il soit en outre décrété* que si le capitaine de tout vaisseau ou navire du port de vingt tonneaux ou au dessus, privilégié pour un an, & ayant à bord des productions, denrées ou marchandises, de la valeur de deux cents dollards ou au dessus, part avec ledit vaisseau ou navire de tout lieu ou port, dans l'intention d'aller dans un autre district, sans ce manifeste & cette permission, excepté dans les cas ci-après indiqués, ledit capitaine ou le propriétaire de ce vaisseau ou navire sera condamné à payer une somme de quatre cents dollars à chaque contravention; & toutes les productions, denrées & marchandises de la valeur de deux cents dollars, ou au dessus, qui seront trouvées sur ce vaisseau ou navire, après son départ du port où elles auront été prises à bord, & qui ne seront point comprises dans le, ni accompagnées d'un manifeste, tel qu'il est prescrit ci-dessus, seront sujettes à saisie & confiscation, excepté dans le cas ci-après indiqué.

Pourvu toujours, que rien ici ne sera interprété de manière à ce que le maître ou propriétaire d'un vaisseau ou navire privilégié pour

un an, n'ayant à bord que des productions ;
denrées & marchandifes de cru & manufacture
des Etats-Unis, en en exceptant le rum & les autres liqueurs fpiritueufes en quantité excédant
quatre cents gallons, & en charge d'un diftrict
pour un autre diftrict du même état, ou d'un diftrict dans un état, pour un diftrict dans l'é-
tat limitrophe, foit fujet à aucune amende
pour être parti du port de chargement fans
cette permiffion & ce manifefte, ou à ce que
lefdites productions, denrées ou marchandifes
foient fujettes à faifie & confifcation pour n'être
pas accompagnées de ce manifefte.

Section XXX. Et *qu'il foit en outre décrété*
que fi quelque vaiffeau ou navire muni d'un
privilége pour un an pour faire le commerce ou la
pêche, prend pendant ce tems un chargement
pour un port étranger, le maître ou capitaine
de ce vaiffeau ou navire fera obligé avant de
fortir des Etats-Unis de remettre ce privilège
au receveur du port d'où il fe propofera de
partir ; & ce receveur le fera paffer auffitôt
au receveur du diftrict où il avoit été accordé,
afin qu'il foit biffé & annullé. Et le maître ou
capitaine qui refufera ou négligera de remettre

ce privilège avant fon départ des Etats-Unis, fera condamné à payer la fomme de cent dol-'lars pour fa négligence ou fon refus.

Droits & falaires pour les fonctions preferites par cet acte.

Section XXXI. Et qu'il *foit en outre décrété* que les droits & falaires pour les différentes fonctions à remplir en vertu de cet acte feront fixés & repartis comme il fuit, favoir :

Pour le premier enrégiftrement ou certificat de confignation délivré pour tout vaiffeau ou navire, il fera payé au receveur qui le délivrera, la fomme de deux dollars.

Pour chaque autre fubféquent, un dollar & cinquante cents.

Pour chaque certificat d'enrôlement, cinquante cents.

Pour chaque privilège d'une année pour faire le commerce entre les différents diftricts des Etats-Unis, ou pour entreprendre la pêche au banc de Terre Neuve, ou celle de la baleine, cinquante cents.

Pour chaque entrée intérieure de cargaifon faite conformément à cet acte, & pour recevoir & approuver chaque manifefte de vaiffeau ou navire privilégié comme ci-deffus, foixante cents.

Pour chaque permiffion de débarquer des marchandifes de crû étranger ou manufacture étrangère, vingt cents.

Pour chaque permiffion de continuer la route jufqu'au port de deftination, vingt-cinq cents.

Et pour recevoir chaque obligation exigée par cet acte, vingt cents.

Le receveur répondra de la totalité de tous ces droits & falaires, & le montant en fera réparti également entre le receveur, l'officier de marine & l'infpecteur par-tout où ces trois officiers auront été nommés ; & entre le receveur & l'infpecteur dans les ports où il n'y aura point d'officier de marine, & dans ceux où il ne fe trouvera qu'un receveur feulement, la totalité des droits fera pour lui ; & dans les diftricts où il aura été établi plufieurs infpecteurs, chacun d'eux recevra fa portion des droits tels qu'ils feront perçus dans le port où il réfidera. *Pourvu toujours*, que dans tous les cas où le tonnage d'un vaiffeau ou navire fera déterminé par quelque perfonne fpécialement nommée à ce fujet,

Comment ils feront répartis.

comme il est preſcrit ci-devant. Cette perſonne aura droit à & recevra du receveur un ſalaire raiſonnable , que celui-ci prendra ſur leſdits droits avant qu'aucune répartition en ait été faite.

Section XXXII. Et *qu'il ſoit en outre décrété* que dans tous les cas où il eſt enjoint par cet acte au receveur de délivrer quelque privilège, certificat, permiſſion ou autre inſtruction. L'officier de marine, s'il en réſide un dans ce port, les ſignera.

Section XXXIII. Et *qu'il ſoit en outre décrété* que dans tous les cas où quelque ſaiſie de vaiſſeau ou navire , ou de productions, denrées ou marchandiſes aura lieu , le receveur ou autre officier compétent qui fera publier la vente de ce vaiſſeau ou navire, ou de ces productions , denrées ou marchandiſes , ſera tenu de faire inſérer dans le même avertiſſement le nom ou les noms, & le lieu ou les lieux de réſidence de la ou des perſonnes à qui ce vaiſſeau ou navire, ces productions , denrées ou marchandiſes appartenoient ou à qui elles étoient adreſſées au moment de la ſaiſie.

Section

Section XXXIV. Et qu'il soit en outre décrété que tout receveur qui fera sciemment un faux enrégistrement, enrôlement ou une fausse consignation de quelque vaisseau ou navire, & tout officier ou personne préposée qui fera une fausse consignation, accordera un faux certificat ou toute autre instruction quelconque, d'une maniere non prescrite ou contraire au vrai sens & au but de cet acte, ou qui exigera des droits non alloués ou de plus forts que ceux accordés par cet acte, ou qui recevra quelque récompense ou gratification contraire aux réglemens de cet acte; & que tout inspecteur ou autre personne nommée pour mesurer les vaisseaux ou navires qui remettra sciemment au receveur ou à l'officier de marine une fausse description d'un vaisseau ou navire à enrégistrer, consigner ou enroller conformément à cet acte, sera condamné sur la conviction de chaque contravention à payer une somme de mille dollars, & déclaré incapable d'occuper aucun emploi de confiance ou de profit sous les Etats-Unis, & la personne ou les personnes convaincues d'avoir négligé ou refusé avec toute connoissance de cause de remplir, conformément au vrai sens & but de cet acte, quelques

Amendes pour contraventions à cet acte.

M

unes des charges ou fonctions qui leur sont enjointes par cet acte en exécution de leur office, seront condamnées, si elles n'ont pas encouru la peine prononcée ci-dessus, à payer une somme de cinq cents dollars pour la premiere offense & une pareille pour la seconde offense, & dès ce moment déclarées incapables d'occuper aucun emploi de confiance ou de profit sous les Etats-Unis.

Le vaisseau ou navire qui se serviroit frauduleusement d'un certificat d'enrégistrement, &c. seraconfisqué

Section XXXV. Et qu'il soit en outre décrété que si quelque vaisseau ou navire se sert frauduleusement de quelque certificat d'enrégistrement, consignation ou enrôlement qui ne lui auroit point été délivré conformément à cet acte, ce vaisseau ou navire sera confisqué au profit des Etats-Unis avec tous ses agrès, équipemens & ustensiles.

Amendes ultérieures pour contraventions à cet acte.

Section XXXVI. Et qu'il soit en outre décrété que toute personne qui prêtera un faux serment ou une fausse affirmation dans toute circonstance où ils seront exigés en vertu de cet acte, encourra les mêmes peines & amendes que les personnes qui commettroient un parjure de propos délibéré ou par corruption ; &

touté perſonne qui forgera , contrefera , ratu-
rera , alterera ou falſifiera quelque certificat ,
enrégiſtrement , privilège , permiſſion ou autres
inſtructions qui doivent être délivrées par un
officier des droits ſeulement , ſera condamné
pour chaque offenſé à payer la ſomme de
cinq cents dollars.

Section XXXVII. Et *d'autant que* par un
acte intitulé , « Acte pour impoſer un droit ſur
» les productions , denrées & marchandiſes
» importées dans les Etats-Unis » , il eſt décidé qu'il ſera alloué ou payé cinq cents ſur
chaque quintal de poiſſon ſec & ſur chaque
baril de poiſſon ſalé & autres proviſions ſalées
exportées hors des Etats-Unis dans tout autre
pays , pour tenir lieu d'une remiſe des droits
impoſés ſur l'importation du ſel y employé ; &
attendu qu'il y a maintenant une grande quantité
de ſel dans les Etats-Unis , qui y a été importée
avant qu'aucun droit ait été impoſé au profit
deſdits Etats.

Qu'il ſoit décrété qu'aucune prime ne ſera
accordée par aucun receveur pour le poiſſon
ſec ou ſalé ou autres proviſions ſalées exportées

Aucune pri-
me ne ſera
accordée ſur
l'exportation
du poiſſon ſec
ou ſalé , ou
proviſions ſa-
lées , avant
le dernier mai
1790.

des Etats-Unis , avant le dernier mai mil sept cent quatre vingt-dix.

FREDERICK AUGUSTE MUHLENBERG,
orateur de la chambre des repréfentans.

JEAN ADAMS , vice - préfident des Etats-Unis & préfident du fénat.

Approuvé ce Ier. feptembre 1789 ,

GEORGE WASHINGTON , préfident des Etats-Unis.

CHAPITRE XII.

Acte pour établir le département de la Tréforerie.

Section I. Qu'il foit paffé en acte par le fénat & la chambre des repréfentans des Etats-Unis d'Amérique, affemblés en Congrès , qu'il sera établi un département de la tréforerie qui sera compofé des officiers fuivans, favoir : un fecrétaire de la tréforerie qui fera réputé chef

Département défigné.

Les officiers qui le compoferont.

du département, un contrôleur, un auditeur, un tréforier, un greffier & un affesseur du fecrétaire de la tréforerie qui fera au choix dudit fecrétaire.

Section II. Et qu'il foit en outre décrété que les fonctions du fecrétaire de la tréforerie feront de préparer & diriger des plans pour le maniement & l'amélioration du revenu, de tenir état & faire le rapport du montant du revenu public & des dépenfes publiques, de furveiller la perception du revenu, de décider des formes fous lefquelles on tiendra & réglera les comptes, & fous lefquelles on fera les re-mifes, d'accorder, fous les reftrictions prefcrites ici, ou qui le feront par la fuite, toutes les ordonnances à prendre fur la tréforerie, en conféquence des deftinations ordonnées par la loi, de remplir & exécuter tout ce qui lui fera enjoint par la loi, relativement à la vente des terres appartenant aux Etats-Unis, de faire le rapport & donner les informations à l'une ou l'autre branche de la légiflature, en perfonne ou par écrit, fuivant qu'il fera exigé de lui, fur toutes les affaires qui lui feront renvoyées par le fénat ou la chambre des repréfentans,

Fonctions
du fecrétaire

M 3

ou qui appartiendront à fon office ; & généralement de remplir toutes les fonctions qui lui feront prefcrites, relativement aux finances.

Fonctions du contrôleur *Section III. Et qu'il foit en outre décrété* que les fonctions du contrôleur feront de veiller au réglement & à la confervation des comptes publics, d'examiner tous les comptes réglés par l'auditeur, & d'en certifier les balances au greffier, de contrefigner toutes les ordonnances accordées par le fecrétaire de la tréforerie, & qui feront ordonnées par la loi, de faire au fecrétaire le rapport des formules officielles de tous les papiers qui feront délivrés dans les différens bureaux, pour la perception des revenus publics, ainfi que de la manière & de la forme de tenir & fixer les comptes des différentes perfonnes y employées ; & en outre, de pourvoir au paiement régulier & ponctuel de tout l'argent qui pourra être perçu, & de diriger les pourfuites, en cas de délit contre les officiers, du revenu, & celles relatives à des fommes dues, ou qui feront dues aux Etats-Unis.

Section IV. Et qu'il foit en outre décrété que

les fonctions du tréforier feront de recevoir &
garder l'argent des Etats Unis, & de payer les
ordonnances délivrées par le fecrétaire de la tréforerie, contrefignées par le contrôleur, enregiftrées par le greffier, & jamais autrement, de
prendre des quittances de tout l'argent payé
par lui, & de délivrer les quittances pour argent
reçu par lui fur le dos d'ordres fignés par le fecrétaire de la tréforerie, fans lequel ordre ainfi
figné, aucune reconnoiffance d'argent verfé dans
le tréfor public, ne fera valide ; & ledit tréforier rendra fes comptes au contrôleur, tous les
trois mois (ou plus fouvent, fi cela eft exigé)
& après leur arrêté, en fera paffer une copie au
fecrétaire de la tréforerie; il fera tenu en outre,
le troifième jour de chaque feffion du Congrés,
de dépofer devant le fénat & la chambre des repréfentans, des copies nettes & exactes des
comptes rendus par lui, d'époque à époque , &
réglés avec le contrôleur , comme auffi un
compte exact & fidèle de l'état du tréfor, il
foumettra, dans tous les temps, à l'infpection
du fecrétaire de la tréforerie, & du contrôleur,
ou de l'un des deux, l'argent qu'il aura entre les
mains ; & avant que d'entrer dans les fonctions
de fon office, il s'obligera, fous cautions fuffi-

M 4

fantes & approuvées par le fecrétaire de la tréforerie & le contrôleur, pour la fomme de cent cinquante mille dollars, payable aux Etats-Unis, à remplir bien & fidèlement les fonctions de fon office, & à répondre de la fidélité des perfonnes employées par lui ; & cette obligation fera dépofée dans le bureau du contrôleur de la tréforerie defdits Etats-Unis.

Fonctions de l'auditeur. *Section V. Et qu'il foit en outre décrété* que les fonctions de l'auditeur feront de recevoir tous les comptes publics, & après les avoir examinés, d'en certifier la balance, & de faire paffer les comptes avec les pièces juftificatives, & fon certificat au contrôleur, pour qu'il en décide. *Pourvu* que toute perfonne dont les comptes auront été ainfi examinés, & qui ne fera pas fatisfaite de l'arrêté, pourra fous fix mois en appeller au contrôleur.

Du greffier. *Section VI. Et qu'il foit en outre décrété* que les fonctions du greffier feront de garder tous les comptes des recettes & dépenfes du tréfor public, & de toutes les fommes dues aux Etats-Unis ou par eux ; de recevoir du contrôleur les comptes qui auront été réglés finalement,

& de conferver ces comptes avec leurs pièces
juftificatives & certificats; d'enregiftrer toutes
les ordonnances pour recette ou paiement à la
tréforerie, & de les certifier; & de faire paffer
au fecrétaire de la tréforie des copies des certificats de balances de comptes réglés, comme il
eft prefcrit par cet acte.

Section VII. Et *qu'il foit en outre décrété*,
que quand le fecrétaire fera démis de fon office par le préfident des Etats-Unis, ou en tout
autre cas de vacance, dans l'office de fecrétaire,
l'affeffeur, durant cette vacance, aura la charge
& garde de tous les regiftres, livres & papiers
appartenans audit office.

Section VIII. Et *qu'il foit en outre décrété*
qu'aucune perfonne nommée à quelque office
établi par cet acte, ne fera concernée ni intéreffée directement ni indirectement, dans aucune
affaire de commerce ou de négoce; ne fera propriétaire en tout ou en partie, d'aucun vaiffeau,
ni navire; n'achetera par foi-même, ou fous
le nom d'un autre, aucune terre des Etats-
Unis, ni aucune autre propriété publique; ne
fera intéreffée dans l'achat, ni la difpofition d'au-

cun billet de garantie, de quelque état particulier ou des Etats-Unis ; enfin ne prendra ni ap-
pliquera à son usage aucun émolument ni salaire,
pour négocier ou expédier quelque affaire dans
ledit département, autre que ceux alloués par
la loi ; & si quelque personne contrevient à aucune des prohibitions de cet acte, elle sera
réputée coupable de conduite criminelle, & sur
la conviction de la contravention, elle sera condamnée à payer aux Etats-Unis une amende de
trois mille dollars, sera démise de son office,
& pour jamais déclarée incapable d'occuper
aucun office sous les Etats-Unis. *Pourvu* que si
toute personne, autre que le ministere public,
poursuit l'information de cette contravention,
& que l'accusé soit convaincu, la moitié de ladite amende de trois mille dollars retournera au
profit de la personne qui aura poursuivi l'information.

Frédérick-Auguste Muhlenberg,
orateur de la chambre des représentans.
Jean Adams, vice-président des Etats-
Unis, & président du sénat.

Approuvé le 2 Septembre 1789.

George Washington, président des
Etats-Unis.

Amende en cas de con-travention.

CHAPITRE XIII.

Acte pour fixer les appointemens des officiers exécuifs du gouvernement & ceux de leurs affesseurs & commis.

Section Iere. Qu'il foit paffé en acte par le fénat & la chambre des repréfentans des Etats-Unis d'Amérique, affemblés en Congrès, qu'il fera alloué aux officiers ci deffous nommés les appointemens ci - après, payables par quartier à la tréforerie des Etats-Unis ; au fecrétaire de la tréforerie, trois mille cinq cents dollars ; au fecrétaire du département d'état, trois mille cinq cents dollars ; au fecrétaire du département de la guerre, trois mille dollars ; au contrôleur de la tréforerie, deux mille dollars ; à l'auditeur, quinze cents dollars ; au tréforier, deux mille dollars ; au greffier, douze cent cinquante dollars ; au gouverneur du territoire de l'Oueft, pour fes appointemens comme gouverneur, & pour furveiller les affaires avec les Indiens, dans le département du nord, deux mille dollars ; à chacun des trois juges du territoire de l'Oueft, huit cents

Fixation des appointemens payables tous les trois mois.

Officiers à qui ils feront alloués.

dollars ; à l'affeſſeur du ſecrétaire de la tréſorerie, quinze cents dollars ; au commis en chef
du département d'état , huit cents dollars ; au
commis en chef du département de la guerre ,
ſix cents dollars ; au ſecrétaire du territoire
de l'Oueſt , ſept cent cinquante dollars ; au
premier commis du contrôleur, huit cents dollars ; au premier commis de l'auditeur , ſix
cents dollars ; au premier commis du tréſorier,
ſix cents dollars.

*Leurs ap-
pointemens.* **Section II.** *Et qu'il ſoit en outre décrété*
que les chefs des trois départemens ci-deſſus
énoncés, nommeront reſpectivement dans leur
département les commis qu'ils jugeront néceſſaires ; & les appointemens deſdits commis
ne paſſeront pas cinq cents dollars pour
chacun.

FREDERICK-AUGUSTE MUHLENBERG,
orateur de la chambre des repréſentans.

JEAN ADAMS, vice-préſident des Etats-
Unis, & préſident du ſénat.

Approuvé le 11 Septembre 1789.

GEORGE WASHINGTON , préſident des
Etats-Unis.

CHAPITRE XIV.

Acte pour pourvoir à la garde des actes, archives & sceau des Etats-Unis, & pour autres objets.

Section Iere. Qu'il soit passé en acte par le sénat & la chambre des représentans des Etats-Unis d'Amérique, assemblés en Congrès, que le département exécutif, désigné sous le nom de département des affaires étrangères, sera désormais désigné sous le nom de département d'état, & l'officier principal de ce département sera appellé désormais le secrétaire d'état.

Le département des affaires étrangères sera appellé département d'état

Section II. Et qu'il soit en outre décrété que, quand un bill, ordre, une résolution ou un vote du sénat & de la chambre des représentans ayant été approuvé & signé par le président des Etats-Unis, ou n'ayant pas été renvoyé par lui, avec ses objections, deviendra loi, ou sera valide : ledit secrétaire d'état le recevra aussi-tôt du président ; & que quand un bill, un ordre, une résolution ou un vote sera renvoyé par le président, avec ses objec-

Fonctions ultérieures assignées au secrétaire dudit département.

tions, & qu'après avoir été vifé & repaffé, il fera approuvé par les deux tiers de chacune des deux chambres du Congrès; & en conféquence deviendra loi, ou fera valide. En ce cas, ledit fecrétaire le recevra du préfident du fénat, ou de l'orateur de la chambre des repréfentans, fuivant qu'il aura été approuvé en dernier dans l'une ou l'autre des deux chambres; & ledit fecrétaire, dès qu'il les aura reçus, fera tenu, auffi-tôt que faire fe pourra, de faire publier cette loi ou réfolution, cet ordre ou vote, au moins dans trois papiers publics, imprimés dans les Etats-Unis; d'en faire remettre une copie imprimée à chaque fénateur & à chaque repréfentant des Etats-Unis; comme auffi d'en envoyer deux copies imprimées, duement légalifées, au pouvoir exécutif de chaque état; & il confervera avec foin les originaux, & les fera enregiftrer dans des livres deftinés à cet objet.

Sceau des Etats-Unis. *Section III.* Et qu'il foit en outre décrété que le fceau employé jufqu'ici par les Etats-Unis affemblés en Congrès, fera, & demeure, par cet acte, déclaré le fceau des Etats Unis.

Section IV. Et qu'il foit en outre décrété que

ledit secrétaire gardera ledit sceau, & qu'il expédiera, enregistrera & apposera ledit sceau à toutes les commissions civiles des officiers des Etats Unis, qui seront nommés par le président avec & par l'avis & consentement du sénat, ou par le président seul ; pourvu que ledit sceau ne sera apposé à aucune commission, avant qu'elle ait été signée par le président des Etats-Unis, ni à aucun titre ou acte, sans un ordre spécial du président.

Section V. Et qu'il soit en outre décrété que ledit secrétaire fera faire un sceau particulier pour servir dans ledit département, sous telle devise que le président des Etats-Unis agréera ; & que toutes les copies d'actes enregistrés, & de pièces faites dans les bureaux dudit département, & scellées dudit sceau, prouveront autant en justice que les originaux.

Section VI. Et qu'il soit en outre décrété qu'il sera payé au secrétaire, pour le profit des Etats-Unis, les droits suivans, par toute personne requérante, excepté par les officiers des Etats-Unis, dans des affaires relatives aux fonctions de leurs offices, savoir: Pour expédition & légalisation de copie d'actes enregistrés, 10 cents par chaque feuille contenant cents mots, pour légalisation d'une copie d'enregistrement ou de toute autre pièce, en y apposant le sceau du département, 25 cents.

Le secrétaire aura la garde des papiers, &c., du dernier Congrès.
Section VII. Et qu'il soit en outre décrété que ledit secrétaire, immédiatement après sa nomination, aura droit à la garde & charge dudit sceau des Etats-Unis, comme aussi à celles des regiſtres, titres & pièces reſtantes encore dans le bureau du dernier secrétaire des Etats-Unis aſſemblés en Congrès, & ceux desdits regiſtres, titres, & celles des pièces qui pourront appartenir au département de la tréſorerie ou à celui de la guerre, seront remis à l'officier principal desdits départemens, selon que le préſident des Etats-Unis l'ordonnera.

FREDERICK-AUGUSTE MULHENBERG, orateur de la chambre des repréſentans.

JEAN ADAMS, vice-préſident des Etats-Unis, & préſident du sénat.

Approuvé le 15 Septembre 1789.

GEORGE-WASHINGTON, préſident des Etats-Unis.

CHAPITRE

CHAPITRE XV.

Acte pour suspendre partie d'un acte intitulé :
« Acte pour régler la perception des droits
imposés par la loi sur le tonnage des vaisseaux
ou navires, & sur les productions, denrées &
marchandises importées dans les Etats-Unis ; »
& pour autres objets.

Section Iere. *Qu'il soit passé en acte par le sénat & la chambre des représentans des Etats-Unis d'Amérique, assemblés en Congrès*, que la partie de l'acte intitulé : « Acte pour régler » la perception des droits imposés par la loi » sur le tonnage des vaisseaux ou navires, & » sur les productions, denrées & marchan- » dises importées dans les Etats-Unis, » qui oblige les vaisseaux & les navires en charge pour la rivière Potowmack, d'amener & dé- poser des manifestes de leur cargaison, entre les mains des officiers de Sainte-Marie & d'Yc- comico, avant qu'ils puissent se rendre à leur port de livraison, sera, & demeure suspendue par cet acte jusqu'au 1er. Mai prochain.

Suspension de la restric- tion sur les vaisseaux en charge pour la rivière Po- towmac.

N

Privilèges des vaisseaux des États-Unis, étendus aux vaisseaux de la Caroline Nord & de Rhode - Island jusqu'au quinze janvier prochain

Section II. Qu'il *soit en outre décrété* que les privilèges & avantages que la loi accorde aux vaisseaux & navires appartenans entièrement à des citoyens des Etats Unis, seront étendus jusqu'au 15 Janvier prochain, aux vaisseaux & navires appartenans entièrement à des citoyens de l'état de la Caroline Nord, & à celui de Rhode-Island & des plantations de la Providence ; *pourvu* que le maître de chacun de ces derniers vaisseaux ou navires produira un journal conforme aux loix de l'état, dans lequel il aura été délivré, qui annonce que ledit vaisseau ou navire appartient, & qu'il appartenoit avant le 1er. Septembre présent, à des citoyens desdits états, & que ledit maître attestera par serment ou affirmation entre les mains du receveur du port, dans lequel il viendra réclamer les avantages promis par cet acte, que le vaisseau ou navire dont il produit le journal est le même que celui mentionné dans ledit journal, & qu'il croit qu'il appartient encore entièrement à la personne nommée, ou aux personnes nommées dans ledit journal, & que cette personne est, ou ces personnes sont des citoyens de l'un des susdits états.

Section III. Et qu'il *soit en outre décrété* que

tout le rum, le fucre en pain, & le chocolat faits ou fabriqués dans l'état de la Caroline-Nord, & dans celui de Rhode-Ifland, & des plantations de la Providence, & importés ou amenés dans les Etats Unis, feront eftimés & réputés fujets aux mêmes droits que paient les marchandifes de cette efpèce, importées de tout état, royaume ou pays étranger.

Section IV. Et qu'il foit en outre décrété que Rehoboth, dans l'état de Maffachuffetts, fera port d'entrée & de livraifon jufqu'au 15 Janvier prochain, & qu'il fera nommé un receveur pour ce port.

FREDERICK-AUGUSTE MULHENBERG, orateur de la chambre des repréfentans.

JEAN ADAMS, vice-préfident des Etats-Unis, & préfident du fénat.

Approuvé le 16 Septembre 1789.

GEORGE WASHINGTON, préfident des Etats-Unis.

N 2

CHAPITRE XVI.

Acte pour l'établissement provisoire de la poste aux lettres.

Section Iere. Qu'il foit paffé en acte par le fénat & la chambre des repréfentans des Etats-Unis d'Amérique, affemblés en Congrès, qu'il fera nommé un maître général des poftes; fes pouvoirs & appointemens, & la compenfation due à l'employé ou commis, & aux délégués qu'il pourra nommer, & les réglemens de la pofte feront les mêmes que fous les dernières or-donnances & réfolutions du dernier Congrés. Le maître général des poftes fera foumis aux ordres du préfident des Etats-Unis, pour l'exécution des fonctions de fon office, & pour les contrats qu'il paffera pour le tranfport de la malle.

Section II. Et qu'il foit en outre décrété, que cet acte aura force de loi jufqu'à la fin de la prochaine seßion du Congrés, & pas plus.

FREDERICK AUGUSTE MULHENBERG,
orateur de la chambre des repréſentans.

JEAN ADAMS, vice-préſident des
Etats-Unis, & préſident du ſénat.

Approuvé le 18 Septembre 1789.

GEORGE WASHINGTON, préſident
des Etats-Unis.

CHAPITRE XVII.

*Acte pour allouer une compenſation aux membres
du Sénat & de la chambre des repréſentans des
Etats Unis, & aux officiers des deux chambres.*

Section Iere. Qu'il ſoit paßé en acte par le
ſénat & la chambre des repréſentans des Etats-
Unis d'Amérique aßemblés en Congrés, qu'à
chaque ſeßion du Congrés, & à chaque réunion
du ſénat pendant le récès du Congrés, avant le
quatre mars mil ſept cent quatre-vingt-quinze,
chaque ſénateur aura droit de recevoir ſix dollars pour chaque jour de ſon ſervice au ſénat,

Les ſéna-
teurs; ce qui
leur ſera al-
loué pour
leur ſervice&
voyage avant
le 4 mars 1795.

N 3

& qu'il lui fera pareillement alloué, au commencement & à la fin de chaque telle feffion &
réunion, fix dollars par chaque vingt mille de
diftance du lieu de fa réfidence, au lieu où tiendra le Congrés; laquelle diftance fera eftimée
par le chemin le plus ordinaire; & en cas que
quelque membre du fénat foit retenu par quelque maladie pendant fon voyage, foit en fe
rendant à, foit en quittant quelqu'une de ces
feffions ou réunions, ou qu'après fon arrivée, il
foit hors d'état de faire fon fervice au fénat, il
lui fera alloué journellement les mêmes honoraires; *pourvu toujours* qu'il ne fera alloué à aucun fénateur, une fomme excédant le taux de
fix dollars par jour, à compter de la fin d'une
telle feffion ou réunion, jufqu'au moment où il
prendra féance dans une autre.

Ce qui leur fera alloué pour leur fervice & voyage après le 4 mars 1795.

Section II. Et *qu'il foit en outre décrété* qu'à
chaque feffion du Congrés, & à chaque réunion
du fénat, pendant le recès du Congrés, après
le fufdit quatre mars mil fept cent quatre-vingt-
quinze, chaque fénateur aura droit de recevoir
fept dollars par jour durant fon fervice au fénat,
& qu'il lui fera pareillement alloué au commencement & à la fin de chaque feffion & réunion,

ſept dollars par chaque vingt milles de diſtance du lieu de ſa réſidence au lieu où ſe tiendra le Congrés, laquelle diſtance ſera eſti-mée par le chemin le plus ordinaire; & en cas que quelque membre du ſénat ſoit retenu par quelque maladie pendant ſon voyage, ſoit en ſe rendant à, ſoit en quittant quelqu'une de ces ſeſſions ou réunions, ou qu'après ſon arrivée, il ſoit hors d'état de faire ſon ſervice au ſénat, il lui ſera alloué les mêmes honoraires de ſept dollars par jour, *pourvu toujours* qu'il ne ſera alloué à aucun ſénateur, une ſomme excédant le taux de ſept dollars par jour, à compter de la fin d'une telle ſeſſion ou réunion, juſqu'au tems où il prendra ſéance dans une autre.

Section III. Et *qu'il ſoit en outre décrété,* qu'à chaque ſeſſion du Congrés, chaque repré-ſentant aura droit de recevoir ſix dollars pour chaque jour de ſon ſervice à la chambre des repréſentans, & qu'il lui ſera pareillement al-loué, au commencement & à la fin de chaque ſeſſion, ſix dollars par chaque vingt milles de diſtance du lieu de ſa réſidence, au lieu où ſe tiendra le Congrés, laquelle diſtance ſera eſti-mée par le chemin le plus ordinaire. Et en cas

Les mem-bres de la chambre des repréſentans; ce qui leur ſera alloué.

que quelque repréſentant ſoit retenu par quelque maladie pendant ſon voyage, en ſe rendant
à la ſeſſion du Congrès, ou en retournant chez
lui, ou bien qu'après ſon arrivée, il ſoit hors
d'état de remplir ſon ſervice à ia chambre des
repréſentans, il lui ſera alloué les mêmes honoraires de ſix dollars par jour : & l'orateur de
la chambre des repréſentans, pour ſubvenir aux
dépenſes incidentes de ſon office, aura droit de
recevoir en addition à ſa compenſation, comme
repréſentant, ſix dollars par chaque jour de ſon
ſervice à la chambre; *pourvu toujours*, qu'il ne
ſera alloué à aucun repréſentant une ſomme excédant le taux de ſix dollars par jour, à compter
de la fin d'une telle ſeſſion ou réunion, juſqu'au
tems où il prendra ſéance dans une autre.

Les chape-
lains, ſecré-
taire, gref-
fier&commis

Leurs ap-
pointe.mens
&honoraires

Section IV. Et *qu'il ſoit en outre décrété*,
que chaque chapelain du Congrès ſera payé ſur
le taux de cinq cents dollars par an, durant la
ſeſſion du Congrés; que le ſecrétaire du ſénat
& le greffier de la chambre des repréſentans
recevront chacun quinze cents dollars par an,
à dater du jour où ils ſeront nommés; qu'en
outre, chacun d'eux recevra deux dollars par
jour, durant la ſeſſion de la branche de légiſ-

lature à laquelle il fera attaché : & chacun defdits fecrétaire & greffier, pourra, lorfque le préfident du fénat le jugera néceffaire, prendre un
premier commis qui fera payé à raifon de trois
dollars par jour, & un commis pour les expé-
ditions, qui fera payé à deux dollars par jour,
durant la feffion, & même après la feffion,
lorfque ce commis fera occupé plus long-tems.

Section V. Et *qu'il foit en outre décrété* que
les compenfations fuivantes feront allouées aux
officiers ci-après mentionnés; favoir : au fergent
d'armes, durant les feffions, & tandis qu'il fera
employé pour le fervice de la chambre, quatre
dollars par jour; les honoraires du fergent d'armes actuel courront du jour de fa nomination; à
l'huiffier de la porte du fénat, & à celui de la
chambre des repréfentans, trois dollars par jour,
durant la feffion de la chambre à laquelle chacun d'eux appartiendra, tant pour fon fervice per-
fonnel que pour les gages des gens qu'il lui faudra employer; les honoraires de l'huiffier de la
porte actuel du fénat, courront du jour fixé
pour l'affemblée du Congrés; & ceux de l'huiffier de la porte actuel de la chambre des repréfentans, courront du jour de fa nomination;

enfin, à l'huissier de la porte, en second de chaque chambre, deux dollars par jour durant les
sessions.

Section VI. Et qu'il soit en outre décrété, que
la compensation qui sera due aux membres &
aux officiers du sénat, sera certifiée par le président, & que celle due aux membres & aux
officiers de la chambre des représentans, le sera
par l'orateur, & toutes deux seront passées en
compte des dépenses publiques, & payées sur
le trésor.

Section VII. Et qu'il soit en outre décrété, que
cet acte aura force de loi jusqu'au quatre mars
mil sept cent quatre-vingt-dix, & pas plus.

FRÉDÉRICK AUGUSTE MULHENBERG,
orateur de la chambre des représentans.

JEAN ADAMS, vice-président des Etats-
Unis, & président du sénat.

Approuvé le 22 septembre 1789.

GEORGE WASHINGTON, président des
Etats-Unis.

CHAPITRE XVIII.

Acte pour allouer une compensation aux juges de la cour suprême & des autres cours, & au procureur général des Etats-Unis.

Qu'il soit passé en acte par le sénat & la chambre des représentans des Etats-Unis d'Amérique, assemblés en Congrès, qu'il sera alloué aux juges de la cour suprême, & des autres cours des Etats-Unis, les compensations annuelles ci-après énoncées ; savoir : au chef justicier, quatre mille dollars ; à chacun des justiciers de la cour suprême, trois mille cinq cents dollars ; au juge du district de Maine, mille dollars ; au juge du district de Massachussets, douze cents dollars ; au juge du district de Connecticut, mille dollars ; au juge du district de New-York, quinze cents dollars ; au juge du district de New-Jersey, mille dollars ; au juge du district de Pensilvanie, seize cents dollars ; au juge du district de Delaware, huit cents dollars ; au juge du district de Maryland, quinze cents dollars ; au juge du district de Virginie, dix-huit cents dollars ; au juge du district de la Caroline Sud, dix-huit cents dollars ;

Appointemens du chef justicier des justiciers de la cour suprême & des juges de district.

Date de leurs appointe-mens, & où ils feront payés.

au juge du diftrict de Kentucke, mille dollars; au juge du diftrict de Georgie, quinze cents dollars, & au procureur général des Etats-Unis, quinze cents dollars; lefquelles compenfations courront du jour de la nomination refpective de ces officiers, & feront payées par quartier, à la tréforerie des Etats-Unis.

FRÉDÉRICK-AUGUSTE MULHENBERG, orateur de la chambre des repréfentans.

JEAN ADAMS, vice-préfident des Etats-Unis, & préfident du fénat.

Approuvé le 23 Septembre 1789.

GEORGE WASHINGTON, préfident des Etats-Unis.

CHAPITRE XIX.

Acte pour allouer une compenfation au préfident & au vice préfident des Etats Unis.

Qu'il foit paffé en acte par le fénat & la chambre des repréfentans des Etats-Unis d'Amérique affemblés en Congrés, qu'il fera alloué annuel-

lement au préſident des Etats-Unis, vingt-cinq mille dollars, avec l'uſage des meubles & autres effets actuellement en ſa poſſeſſion, & apparte- nans aux Etats-Unis & au vice-préſident, cinq mille dollars, en compenſation de leurs ſervices reſpectifs; leſquels apppointemens courront du jour où ils ſont entrés dans l'exercice de leur of- fice reſpectif, juſqu'au dernier jour qu'ils l'occu- peront, & ſeront payés par quartier ſur le tréſor des Etats-Unis.

Le préſident & le vice- préſid.nt des Etats-Unis.

Leurs ap- pointemens ; qu nd ils commence- ront à courir & comment ils ſeront payés.

FRÉDÉRICK-AUGUSTE MULHENBERG, orateur de la chambre des repréſentans.

JEAN ADAMS, vice-préſident des Etats- Unis, & préſident du ſénat.

Approuvé le 24 Septembre 1789.

GEORGE WASHINGTON, préſident des Etats-Unis.

CHAPITRE XX.

Acte pour établir les cours judiciaires des Etats-Unis.

Section Iere. Qu'il soit passé en acte par le sénat & la chambre des représentans des Etats-Unis d'Amérique, assemblés en Congrès, que la cour suprême des Etats-Unis consistera en un chef justicier & cinq co-justiciers, dont quatre formeront tribunal; qu'elle tiendra tous les ans, au siége du gouvernement, deux sessions. La première commençant le premier lundi de Février, & l'autre, le premier lundi d'Août; que les co justiciers auront la préséance l'un sur l'autre, suivant la date de leurs commissions, & quand les commissions de deux, ou de plusieurs d'entre eux, dateront du même jour, suivant leur âge respectif.

Section II. Et qu'il soit en outre décrété, que les Etats-Unis seront & demeureront par cet acte, divisés en treize districts, sous les limites & dénominations suivantes, savoir : un qui sera formé de la partie de l'état de Massa-

'uffetts, situé à l'est. de l'état de New-Hampshire, & qui sera appellé le distrit de Maine; un formé de l'état de New Hampshire, & qui sera appellé le distrit de New Hampshire; un formé de la partie restante de l'état de Massachussetts, & qui sera appellé le distrit de Massachussetts; un formé de l'état de Connecticut, & qui sera appellé le distrit de Connecticut; un formé de l'état de New-York, & qui sera appelié le distrit de New-York; un formé de l'état de New Jersey, & qui sera appellé le distrit de New-Jersey, un formé de l'état de Pensilvanie, & qui sera appellé le distrit de Pensilvanie; un formé de l'état de Delaware, & qui sera appellé le distrit de Delaware; un formé de l'état de Maryland, & qui sera appellé le distrit de Maryland; un formé de l'état de Virginie, en en exceptant la partie appellée le distrit de Kentucke, & qui sera appellé le distrit de Virginie; un formé de la partie restante de l'état de Virginie, & qui sera appellé le distrit de Kentucke; un formé de l'état de Caroline-sud, & qui sera appellé le distrit de Caroline-sud; & un formé de l'état de Georgie, & qui sera appellé le distrit de Georgie.

Une cour de diftrict dans chaque diftrict.

Quatre feffions par an dans chaque diftrict, & quand elles feront tenues

Section III. Et qu'il foit en outre décrété, qu'il y aura une cour appellée cour de diftrict dans chacun des diftricts fus-énoncés, qu'elle fera formée d'un juge qui réfidera dans le diftrict pour lequel il fera nommé, & qui fera appellé juge de diftrict, & qui tiendra quatre feffions par an ; la premiere defquelles commencera comme il fuit , favoir : dans les diftricts de New-York & de New-Jerfey, le premier ; dans le diftrict de Penfilvanie , le fecond ; dans le diftrict de Connecticut, le troifieme ; & dans le diftrict de Delaware, le quatrieme mardi de novembre prochain ; dans le diftrict de Maffachuffetts, de Maine & de Maryland , le premier ; dans le diftrict de Georgie, le fecond ; & dans les diftricts de New Hampshire, de Virginie & de Kentucke, le troifieme mardi de décembre prochain ; & les autres trois feffions commenceront progreffivement dans les diftricts refpectifs, les mêmes mardis de chaque troifieme mois, & dans le diftrict de Caroline-fud , elles ouvriront le troifieme lundi de mars & de feptembre, le premier lundi de juillet & le fecond lundi de décembre de chaque année, à commencer en décembre prochain ; & le juge de diftrict aura

le

le pouvoir de tenir des cours spéciales à sa volonté. Les cours de diſtrict ci-deſſus réglées, ſe tiendront aux lieux ſuivans, ſavoir ; dans le diſtrict de Maine à Portland & Pownalboroug, alternativement, en commençant par la premiere ville ; dans le diſtrict de New-Hamsphire à Exeter & Portsmouth, alternativement, en commençant par la premiere ; dans le diſtrict de Maſſachuſſetts à Boſton & Salem, alternativement, en commençant par la premiere ; dans le diſtrict de Connecticut à Hartford & New-Haven, alternativement, en commençant par la premiere ; dans le diſtrict de New-York à New-York ; dans le diſtrict de New-Jerſey à New Brunſwick & à Burlington, alternativement, en commençant par la premiere ; dans le diſtrict de Penſilvanie à Philadelphie & York-Town, alternativement, en commençant par la premiere ; dans le diſtrict de Delaware à New-Caſtle & Dover, alternativement, en commençant par la premiere ; dans le diſtrict de Maryland à Baltimore & Eaſton, alternativement, en commençant par la premiere ; dans le diſtrict de Virginie à Richmond & Williamsburgh, alternativement, en commençant par la premiere ; dans le diſtrict de Kentucke à Harradsburgh ; dans le diſtrict de Caroline-ſud à Charleſton ; & dans le diſtrict de Géorgie à Savannah & Auguſta, en commençant par la premiere, & les cours ſpéciales feront tenues dans chaque diſtrict, dans le même lieu que les cours réglées, & dans les diſtricts où deux villes alterneront dans l'une des deux à la volonté du juge, ou dans tout autre lieu du diſtrict qui ſera déterminé par la nature de l'affaire & la volonté du juge. Et dans les diſtricts où une ſeule ville aura été fixée pour la tenue de la cour de diſtrict, les pièces & regiſtres feront gardés dans cette ville. Et dans les diſtricts où deux villes alterneront, ils feront gardés dans celle que le juge fixera.

Section IV. Et qu'il ſoit en outre décrété que les diſtricts ci-deſſus mentionnés, excepté ceux de Maine & de Kentucke, feront diviſés en trois circuits, & appelés les circuits de l'eſt, du milieu & du ſud ; que le circuit de l'eſt ſera compoſé des diſtricts de New-Hampſhire, Maſſachuſſetts, Connecticut & New York ; que le circuit du milieu ſera compoſé des diſtricts de New-Jerſey, Penſilvanie, Delaware, Maryland & Virginie ; & que le circuit du ſud

fera formé des diftricts de Caroline-fud & de
Géorgie ; & qu'il fera tenu annuellemement
dans chaque diftrict defdits circuits deux cours,
qui feront appelées cours de circuit, & qui
feront compofées de deux des jufticiers de la
cour fuprême & du juge de diftrict , parmi
lefquels deux formeront tribunal ; *pourvu*, qu'aucun juge de diftrict ne pourra donner fon fuffrage dans aucnn cas d'appel ou d'erreur de fa
propre décifion ; mais il pourra déduire les
raifons qui l'ont engagé à donner une telle
décifion.

Section V. Et *qu'il foit en outre décrété* que
la première feffion de ladite cour de circuit,
dans les différens diftricts, commencera aux
époques fuivantes , favoir ; dans le New-Jerfey,
le deux ; dans le New York , le quatre ; dans la
Penfilvanie , le onze ; dans le Connecticut, le
vingt-deux ; dans la Delaware, le vingt-
fept avril prochain ; dans le Maffachuffetts, le
trois ; dans le Maryland , le fept ; dans la Caroline-Sud, le douze ; dans le New-Hampshire ,
le vingt ; dans la Virginie, le vingt-deux, &
dans la Georgie , le vingt-huit mai prochain ; &
les feffions fubféquentes dans les diftricts ref-

La première feffion des cours de cir-cuit.

pectifs, le sixième mois suivant, & à pareils jours, excepté dans la Caroline-Sud , où la session suivante de ladite cour commencera le premier, & dans la Georgie , où elle commencera le dix-sept octobre, excepté aussi quand l'un de ces jours tombera un dimanche ; alors la session commencera le lendemain ; & les sessions de ladite cour de circuit se tiendront dans le district de New-Hampshire, à Portsmouth & Exéter, alternativement , en commençant par la première ; dans le district de Massachussetts, à Boston ; dans le district de Connecticut , à Hatfort & New-Haven, alternativement, en commençant par la dernière ; dans le district de New-York , à New-York & Albany alternativement , en commençant par la première ; dans le district de New-Jersey, à Trenton , dans le district de Pensilvanie , à Philadelphie & York-Town, alternativement , en commençant par la première ; dans le district de Delaware, à New-castle & Dover , alternativement, en commençant par la première ; dans le district de Maryland , à Annapolis & Easton, alternativement, en commençant par la première ; dans le district de Virginie , à Charlottesville & Williamsburg, alternativement , en commençant par la

première ; dans le diftrict de Caroline Sud , à
Columbie & Charlefton, alternativement , en
commençant par la première , & dans le diftrict
de Georgie , à Savannah & Augufta, alternativement , en commençant par la première ; &
les cours de circuit pourront , dans tout autre
tems , tenir des feffions fpéciales pour le jugement des caufes criminelles , foit à leur volonté ,
foit à la volonté de la cour fuprême.

Section VI. Et *qu'il foit en outre décrété*
que la cour fuprême pourra, lorfque l'un ou
plufieurs de fes jufticiers fera ou feront préfens, être ajournée de jour à autre, jufqu'à ce
qu'un tribunal foit raffemblé, & qu'une cour
de circuit pourra aufli être ajournée de jour à
autre par l'un de fes juges, ou fi aucun ne fe
trouve préfent, par le maréchal du diftrict,
jufqu'à ce qu'un tribunal foit raffemblé, &
qu'une cour de diftrict, en cas que le juge
foit hors d'état de fe trouver au commencement de la feffion, pourra, en vertu d'un ordre écrit dudit juge, adreffé au maréchal du
diftrict, être ajournée par ledit maréchal, au
jour qui fera fixé dans ledit ordre , pourvu
que ce jour foit antérieur à la prochaine feffion

réglée de ladite cour ; & en cas de mort dudit juge, & que fa place n'ait pas été remplie, tous les procès, les plaidoieries & procédures pendans devant ladite cour, de quelque nature qu'ils foient, feront fufpendus de droit, jufqu'à la prochaine feſſion rég'ée, aprés que fon fucceffeur aura été nommé à cet office, & l'aura accepté.

Les cours nommeront des greffiers.

Section VII. Et *qu'il foit décrété* que la cour fuprême & les cours de diftrict auront le pouvoir de nommer des greffiers pour leurs cours refpectives, & que le greffier de chaque cour de diftrict fera auffi le greffier de la cour de circuit dans ce diftrict ; & chacun defdits greffiers fera tenu, avant d'entrer dans l'exercice des fonctions de fon office, de prêter le ferment ou l'affirmation ci-après ; favoir :

Leur ferment ou affirmation.

» Moi, A. B., nommé greffier de....., je
» jure ou j'affirme folemnellement d'enregiftrer
» & tranfcrire fidellement & fincèrement tous
» les ordres, arrêts & actes de ladite cour,
» & de remplir & exercer fidellement, & fans
» partialité, toutes les fonctions de mon of-
» fice, du mieux que ma capacité & mon in-
» telligence. me le permettront : ainfi Dieu

» m'aide ». Ces mots, *ainſi Dieu m'aide*, ſeront omis dans tous les cas où l'affirmation
ſera admiſe, au lieu du ſerment ; & chacun
deſdits greffiers s'obligera, ſous cautions ſuffiſantes (qui ſeront approuvées par les cours ſu-
prêmes & de diſtrict reſpectivement), en la
ſomme de deux mille dollars envers les Etats-
Unis, ſous condition de remplir fidellement les
fonctions de ſon office , & d'enregiſtrer, au
tems convenable , les ſentences, jugemens &
déterminations de la cour, de laquelle il ſera
greffier.

Section VIII. Et qu'il ſoit en outre décrété
que les juſticiers de la cour ſuprême & les juges de diſtrict, avant d'entrer dans les fonctions
de leurs offices reſpectifs , prêteront le ſerment
ou l'affirmation ci - après : « Moi, A. B., je
» jure ou j'affirme ſolemnellement de rendre
» la juſtice, ſans aucun égard pour perſonne ;
» également au pauvre comme au riche , &
» d'exercer & remplir fidellement, & ſans
» partialité , toutes les fonctions qui me ſont
» impoſées comme......, du mieux que ma
» capacité & mon intelligence me le permet-
» tront, conformément à la conſtitution & aux

» loix des Etats-Unis: ainſi , Dieu m'aide ».

Section IX. Et *qu'il ſoit en outre décrété* que les cours de diſtrict connoîtront, excluſivement aux cours des différens états, de tous les crimes & délits, dont on connoîtra ſous l'autorité des Etats - Unis, & qui auront été commis dans leurs diſtricts reſpectifs, ou en haute-mer, & pour leſquels il n'y aura d'autre punition à infliger que le fouet qui ne paſſera pas trente coups, une amende au-deſſous de cent dollars, & un terme d'empriſonnement au-deſſous de ſix mois ; qu'elles connoîtront auſſi excluſivement, en première inſtance de toutes les cauſes civiles, d'amirauté & de jurifdiction maritime, dans leſquelles ſeront compriſes toutes les ſaiſies faites en vertu de loix d'impôt, de navigation ou de commerce des Etats-Unis, quand les ſaiſies auront été faites ſur des eaux navigables depuis la mer , pour des vaiſſeaux du port de dix tonneaux ou au deſſus, & ſoit dans leurs diſtricts reſpectifs ou en haute-mer ; laiſ-ſant dans tous les cas aux plaideurs le droit de recours à la loi commune (1), quand la loi

Les cours de diſtricts, juriſdictions excluſives.

Connoiſ-ſance exclu-ſive dans les cauſes mari-times & de ſaiſie ſous les loix des états-unis.

G

____

(1) Voici comment la loi commune , *common law,* eſt définie en Angleterre : *coutumes qui, par une longue*

commune offrira ce droit de recours, & qu'elles connoîtront aussi exclusivement, en première instance, de toutes les saisies faites sur terre ou sur d'autres eaux que celles dites ci-dessus, & de tous les procès pour amendes & confiscations encourues sous les loix des Etats-Unis ; qu'elles connoîtront aussi, concurremment avec les cours des différens états, ou les cours de circuit, suivant le cas, de toutes les causes où un étranger sera partie plaignante pour un tort qui lui aura été fait en violation du droit des gens seulement ou d'un traité des Etats-Unis ; qu'elles connoîtront concurremment, comme il est dit ci-dessus, de tous les procès de loi commune, où les Etats Unis seront demandeurs, & où l'objet en litige montera, outre les dépens, à la somme ou valeur de cent dollars ; qu'elles connoîtront aussi exclusivement aux cours des différens états, de tous les procès contre les consuls ou vice-consuls, excepté pour les offenses énoncées ci-dessus, & le jugement des preu-

Jurisdiction en concurrence.

---

préscription, ont obtenu force de loi ; bien différente de la loi statutaire, qui doit son autorité à des actes du parlement.

ves du fait (1), dans les cours de diſtrict, dans toutes les cauſes, excepté les cauſes civiles d'amirauté & de juriſdiction maritime, ſe fera par jurés.

Section X. Et qu'il ſoit en outre décrété que la cour de diſtrict, dans le diſtrict de Kentucke, aura, outre la juriſdiction ci-deſſus énoncée, celle de toutes les autres cauſes, dont la connoiſſance eſt attribuée ci-après à une cour de circuit, excepté celles d'appel & de propoſition d'erreur, & qu'elle procédera à leur jugement de la même manière qu'une cour de circuit; & les propoſitions d'erreur, & les appels ſeront portés de-là à la déciſion de la cour ſuprême, dans les mêmes cauſes & ſous les mêmes réglemens que ces appels ſeront portés d'une cour de circuit à la cour ſuprême; & la cour de diſtrict, dans le diſtrict de Maine, aura, outre la juriſdiction ci-deſſus énoncée,

____

(1) Preuve du fait (*iſſue in fact*) ce qui ſuit les procédures & termine le procès, ou un incident du procès. En général, en Angleterre comme en Amérique, les jurés prononcent ſur le fait, & les juges ſur le droit.

celle de toutes les autres caufes, excepté celles
d'appel & de propofition d'erreur , dont la
connoiffance eft ci après attribuée à une cour
de circuit, & procédera à leur jugement de
la même manière qu'une cour de circuit ; &
les propofitions d'erreur feront portées de-là à
la décifion de la cour de circuit, dans le diftrict de Maffachuffetts , de la même manière
que des autres cours de diftrict, à leurs cours
de circuit refpectives.

Section XI. Et qu'il foit en outre décrété que
les cours de circuit connoîtront en première
inftance , concurremment avec les cours des
différens états, de tous les procès civils , fuivant la loi commune ou l'équité (1), où l'ob·
jet en litige montera, non compris les dépens,
au-deffus de la fomme ou valeur de cinq cents
dollars, & où les Etats-Unis feront plaignans

Cours de circuit, connoiffance en première inftance.

---

(1) J'ai déjà dit qu'en Angleterre la cour d'équité,
on de chancellerie, étoit un tribunal particulier , qui
jugeoit, non felon la loi écrite, mais felon l'équité.
Il paroît qu'en Amérique il n'y aura point de ces tribunaux particuliers , mais que les cours de circuit
jugeront la loi & l'équité.

ou demandeurs, ou dans lesquels un étranger
sera partie, ou lorsque le procès sera entre un
citoyen de l'état, où la demande aura été formée, & un citoyen d'un autre état; & elles
connoîtront exclusivement de tous les crimes &
délits, dont il sera connu sous l'autorité des
Etats-Unis, excepté dans le cas où cet acte y
pourvoira autrement, & dans ceux où les loix
des Etats-Unis en ordonneront autrement; &
elles auront la jurisdiction, concurremment
avec les cours de district, des crimes & délits
dont celles-ci pourront connoître. Mais personne
ne sera arrêté dans un district, pour être jugé
dans un autre, dans toute cause civile, devant
une cour de circuit ou de district; & aucun
procès civil ne sera intenté, en première instance, devant aucune desdites cours, contre
un habitant des Etats-Unis, dans aucun autre
district que celui dont il sera habitant, ou
dans lequel il sera trouvé lors de la significa-
tion de l'exploit; & aucune cour de district
ou de circuit ne connoîtra d'aucune action en
recouvrement du contenu d'un billet, promesse
ou autre en faveur d'un ayant-cause, à moins
qu'une action n'eût pu être intentée & suivie
dans cette cour en recouvrement dudit conte-

nu, s'il n'y eût point eu de transport passé à
l'ayant-cause, excepté dans les cas de lettres-
de-change étrangères ; & les cours de circuit
connoîtront aussi de l'appel des jugemens des
cours de district , sous les réglemens & les
restrictions prescrites ci-après.

Section XII. Et *qu'il soit en outre décrété*
que si un procès est commencé dans une cour
d'état, contre un étranger, ou par un citoyen
de l'état , dans lequel le procès sera intenté
contre un citoyen d'un autre état; que l'objet
en litige surpasse la somme ou valeur susdite
de cinq cents dollars outre les dépens , somme
ou valeur dont il faudra justifier à la cour ;
& que le défendeur, dans le tems où il devra
comparoir devant cette cour d'état , présente
une requête pour demander le renvoi du jugement de la cause, à la prochaine cour de
circuit , qui se tiendra dans le district où le
procès sera pendant, ou si c'est dans le district
de Maine, à la prochaine cour de district qui
y sera tenue, ou si c'est dans le district de Kentucke , à la prochaine cour de district qui y
sera tenue; & s'il offre, sous caution bonne
& suffisante, de produire dans cette cour, le

premier jour de fa feſſion , des copies dudit procès contre lui , & auſſi d'y comparoir & de produire caution ſpéciale dans la cauſe, ſi la caution ſpéciale y étoit jugée néceſſaire en première inſtance : alors la cour d'état ſera tenue d'accepter cette caution, & de ne pas paſſer outre dans la cauſe; & toute caution qui auroit été exigée en première inſtance , ſera déchargée; & les copies étant produites, comme il eſt dit ci-deſſus, dans cette cour des Etats Unis, le procès y ſera ſuivi de la même manière que s'il y avoit été intenté en première inſtance. Et toute ſaiſie des effets & des biens du défendeur , faite en première inſtance, tiendra ſur les effets & les biens ainſi ſaiſis, juſqu'à concluſion du jugement définitif; de même qu'elle auroit tenu en vertu des loix de cet état, juſqu'à concluſion du jugement définitif, s'il eût été rendu par la cour, dans laquelle le procès avoit commencé; & ſi dans une action intentée dans une cour d'état, il s'agit du titre de propriété d'une terre, & que les parties ſoient des citoyens du même état, & que l'objet en litige excéde la ſomme ou valeur de cinq cents dollars, lorſqu'il aura été juſtifié de cette ſomme ou valeur à la cour, l'une des deux parties

déclarera à la cour, & même avec ferment, fi elle
en eft requife, qu'elle revendique & prendra pour
fondement de fa demande, un droit ou titre à cette
terre, en vertu d'un octroi d'un état, autre
que celui dans lequel le procès fera pendant,
& elle produira l'octroi original, ou un double,
à moins que la perte des regiftres publics ne lui
en ait ôté les moyens, & elle conclura à ce que
la partie adverfe informe la cour, fi elle revendique un droit ou titre à la terre en litige,
en vertu d'un octroi de l'état dans lequel le
procès fera pendant; & ladite partie adverfe
fournira cette information, fans quoi elle ne
fera point reçue à plaider en vertu de cet octroi, ou à en exhiber comme de preuve, lors du
jugement; & fi elle informe la cour qu'elle revendique en vertu d'un tel octroi, la partie qui
aura revendiqué en vertu de l'octroi mentionné
le premier, pourra alors, fur fes conclufions,
faire renvoyer la caufe, pour être jugée à la
prochaine cour de circuit qui fera tenue dans ce
diftrict; ou fi c'eft dans le diftrict de Maine,
à la prochaine cour de diftrict qui y fera tenue,
ou bien dans le diftrict de Kentucke, à la prochaine cour de diftrict qui y fera tenue; mais fi
c'eft le défendeur qui conclut au renvoi, il le
fera dans les mêmes formes que dans le cas

Si c'eft en Maine ou en Kentucke; à quelle cour les caufes feront renvoyées.

fus mentionné du renvoi d'une caufe dans une telle cour, par un étranger : & aucune des deux parties qui aura fait renvoyer la caufe, ne fera reçue à plaider en vertu, ni à exhiber d'aucun autre titre que de celui qu'elle aura établi comme le fondement de fa revendication, & le jugement de la preuve du fait, dans les cours de circuit, fe fera par jurés dans tous les procès, excepté dans ceux d'équité, d'amirauté & de jurifdiction maritime.

La cour fuprême, jurifdiction exclufive.

Section XIII. Et *qu'il foit en outre décrété,* que la cour fuprême connoîtra exclufivement de tous les différends en matière civile où un état fera partie, excepté entre un état & fes citoyens, & excepté auffi entre un état & des citoyens d'un autre état ou des étrangers, dans lequel dernier cas elle aura la jurifdiction en premiere inftance, mais non exclufivement. Et elle connoîtra exclufivement de toutes les actions & de tous les procès contre les ambaffadeurs ou autres miniftres publics, ou gens à eux ou leurs domeftiques, autant qu'elle pourra avoir & exercer de jurifdiction, eu égard au droit des gens ; & elle connoîtra, en premiere inftance, mais non exclufivement, des procès intentés par des ambaffadeurs

Procès contre les miniftres publics.

baffadeurs

baſſadeurs ou autres miniſtres publics, ou dans leſquels un conſul ou vice-conſul ſera partie. Et le jugement de la preuve du fait, dans la cour ſuprême, ſe fera par jurés dans tous les procès contre des citoyens des Etats-Unis. La cour ſuprême connoîtra auſſi de l'appel des jugemens des cours de circuit & des cours des différens états, dans les cas ci-après ſpécialement indiqués; elle aura auſſi le pouvoir de faire ſignifier des lettres de prohibition aux cours de diſtrict, quand celles - ci procéderont comme cours d'amirauté & de juriſdiction maritime, & des lettres de *mandamus* dans les affaires, dont la connoiſſance ſera garantie par les principes & uſages de droit à quelque cour nommée, ou perſonne occupant un office ſous l'autorité des Etats-Unis.

Section XIV. Et *qu'il ſoit en outre décrété* que toutes les cours des Etats-U... ci-devant mentionnées, auront le pouvoir de faire ſignifier des lettres de *ſcire ſacias*, *habeas corpus*, & autres lettres & ordonnances ſur leſquelles il n'aura point été ſtatué ſpécialement, & qui pourront être néceſſaires pour l'exercice de leurs juriſdictions reſpectives & conformes aux prin-

Les cours des états-unis feront ſignifier des lettres de *ſcire ſacias*, &c.

cipes & ufages de droit, & que tout jufticier
de la cour fuprême, & tout juge des cours de
diftrict aura le pouvoir d'accorder des lettres
d'*habeas corpus*, afin d'enquête de la caufe
d'emprifonnement, *pourvu* que les lettres d'*habeas corpus*, ne s'étendront en aucun cas aux
prifonniers, à moins qu'ils ne foient détenus
fous l'autorité ou fous le prétexte de l'autorité
des Etats-Unis, ou qu'ils ne foient mis en prifon
pour fubir leur jugement devant quelque cour
defdits états, ou qu'il ne foit néceffaire de les
amener devant la cour pour témoigner.

Section XV. Et *qu'il foit en outre décrété*
que toutes lefdites cours des Etats-Unis auront
le pouvoir dans le jugement des procès, felon
le droit commun fur les conclufions de l'une
des parties, & la due communication de fes
conclufions, d'exiger des parties qu'elles pro-
duifent les livres ou pièces en leur poffeffion
ou puiffance, qui pourroient fournir preuves
au procès, dans les mêmes cas & circonftances
où elles auroient pu être obligées de les produire par les règles ordinaires de procéder en
équité; & fi le demandeur manque de fe conformer à cet ordre de produire fes livres ou

pièces, les cours refpectives pourront légalement rendre la même fentence en faveur du
défendeur fur les conclufions de celui-ci, que
dans les cas, de défertion de caufe ; & fi le défendeur manque de fe conformer à cet ordre
de produire fes livres ou pièces, les cours refpectives pourront légalement & toujours fur des
conclufions, comme il eft dit ci-devant, rendre
fentence contre lui par défaut.

Section XVI. Et *qu'il foit en outre décrété* que
des procès en équité ne feront foutenus dans
aucune cour des Etats-Unis, dans aucun cas où
l'on pourra avoir un fimple, égal & complet
recours en droit.

Les procès en équité limités.

Section XVII. Et *qu'il foit en outre décrété* que
toutes lefdites cours des Etats - Unis auront le
pouvoir d'accorder de nouveaux jugemens (1)
dans les affaires où il y aura eu un jugement
par juré, pour caufes en raifon defquelles, de
nouveaux jugemens font ordinairement accordés
dans les cours de juftice ; & elles auront le

Les cours des états-unis pourront accorder de nouveaux jugemens.

------

(1) *Jugement* eft pris ici plutôt dans le fens de
procès que dans celui d'*arrêt*.

pouvoir d'exiger & faire prêter tous les fermens & toutes les affirmations néceſſaires, de punir par amende ou empriſonnement, à la diſcrétion deſdites cours, tout mépris d'autorité dans toute cauſe ou audience devant elles, & de faire & établir tous les réglemens (1) néceſſaires pour la conduite des affaires dans leſdites cours, pourvu que ces réglemens ne ſoient pas contraires aux droits des Etats-Unis.

Section XVIII. Et qu'il ſoit en outre décrété que lorſque dans une cour de circuit, une ſentence, ſur le rapport des jurés en matière civile, ſera enregiſtrée, il pourra être, ſur les concluſions de l'une ou l'autre partie, à la diſcrétion de la cour & ſur telles conditions qu'elle jugera convenables pour la ſûreté de la partie adverſe, ſurſis à l'exécution durant qua-

il pourra être ſurſis à l'exécution.

___

(1) En Angleterre, les réglemens (*rules*) ſont des eſpèces d'ordonnances rendues de tems en tems par les cours de juſtice, pour la conduite des affaires auxquelles les procureurs ſont obligés de ſe conformer; le demandeur & le défendeur ſont auſſi tenus, à leur riſque & péril , d'obſerver les réglemens de la cour relatifs au procès pendant entr'eux.

rante deux jours, à compter du moment d'en
regiſtrer la ſentence, pour donner le temps ce
dépoſer au greffe de ladite cour, une requête
à fin d'un nouveau jugement. Et ſi cette requête
y eſt dépoſée dans ledit terme de quarante-
deux jours, avec certificat d'un des juges de
ladite cour, portant permiſſion de l'y dépoſer,
lequel certificat, ce juge ſera maître de donner
ou de refuſer à ſa volonté ; il ſera en conſé-
quence ſurſis ultérieurement à ladite exécution
juſqu'à la prochaine ſeſſion de ladite cour. Et
ſi un nouveau jugement eſt accordé, la première ſentence ſera annullée par la même.

Section XIX. Et qu'il ſoit en outre décrété
que les cours de circuit ſeront tenues dans les
cauſes en équité & dans celles d'amirauté &
de juriſdiction maritime, d'énoncer ſur le regiſtre les faits ſur leſquels elles fondent leur
ſentence ou arrêt, ſoit d'après les plaidoiries
& l'arrêt lui-même, ſoit d'après un état de
l'affaire convenu par les parties ou leurs con-
ſeils, ou s'ils ne ſont pas d'accord, rédigé par
ordre de la cour.

Section XX. Et qu'il ſoit en outre décrété que

Les faits
énoncés ſur
le regiſtre.

quand, dans une cour de circuit, un demandeur dans un procès intenté dans cette cour en première inftance, ou un fuppliant en équité, autre que les Etats Unis, recouvrera moins de la fomme ou valeur de cinq cent dollars, ou un pourfuivant fur fon propre appel, moins de la fomme ou valeur de trois cents dollars ; les dépens ne lui feront pas adjugés, mais au contraire, la cour pourra, à fa difcrétion, le condamner à les payer.

Section XXI. Et qu'il foit en outre décrété que les fentences définitives des cours de diftricts, dans les caufes d'amirauté, & de jurifdiction maritime, où l'objet en litige excédera la fomme de trois cents dollars, non compris les dépens, feront fujettes à appel à la prochaine cour de circuit qui fera tenue dans ce diftrict, *pourvu*, néanmoins, qu'on appellera des fentences définitives dans les caufes ci-deffus, de la cour de diftrict de Maine à la prochaine cour de circuit qui fuivra cet appel, & fera tenue dans le diftrict de Maffachuffetts.

Section XXII. Et qu'il foit en outre décrété que les jugemens & fentences définitives dans une cour de diftrict en matière civile, où l'objet de cinq cents dollars. en litige excédera la fomme ou valeur de cinq cents dollars, non compris les dépens, pourront être revifés & caffés ou confirmés dans une cour de circuit tenue dans le même diftrict, fur *une propofition d'erreur*, à laquelle feront joints, & avec laquelle feront apportés au lieu & jour y mentionnés, une copie légalifée du jugement ou de la fentence enregiftrée, un expofé des erreurs & une demande en caffation avec un ajournement à la partie adverfe, figné par le juge de cette cour de diftrict, ou par un jufticier de la cour fuprême ; lequel ajournement aura dû être communiqué à la partie adverfe, au moins depuis vingt jours, & fur de femblables pièces, les jugemens & fentences définitifs en matière civile, & les procès en Et procès en équité au-deffus de deux mille dollars. équité dans une cour de circuit qui y auroient été intentés en première inftance, ou renvoyés des cours des différens états, ou portés par appel d'une cour de diftrict, quand l'objet en litige paffera la fomme ou valeur de deux mille dollars, non compris les dépens, pourront être revifés & caffés ou confirmé par la cour fuprême, l'ajournement étant en ce cas, figné par un juge de cette cour de circuit ou par un

justicier de la cour suprême, & ayant été communiqué à la partie adverse au moins depuis
trente jours. Mais il n'y aura point de caſſation
dans l'une ni l'autre deſdites cours, ſur une
telle propoſition d'erreur, pour erreur dans les
procédures d'aucune demande en nullité, à
moins qu'elle ne tende à décliner la compé-
tence de la cour, ou qu'elle n'attaque une
requête ou plainte en équité, comme par des
exceptions dilatoires (1), ni pour aucune erreur
de fait. Et aucune propoſition d'erreur ne ſera
préſentée que dans les cinq années qui ſuivront
la reddition ou paſſation du jugement ou de
la ſentence dont on ſe plaindra, ou en cas que
la perſonne qui aura droit à cette propoſition
d'erreur ſoit un enfant, une femme en puiſſance
de mari, une perſonne *non compos mentis* ou
détenue en priſon, il faudra que la propoſition
d'erreur ſoit préſentée dans les cinq années
après le jugement ou la ſentence, ſauf le temps

Les propo-
ſitions d'er-
reur reſtrain-
tes.

____

(1) Le mot anglois, *demurrer*, ne ſignifie pas pré-
ciſément *exception dilatoire*, il ſignifie une eſpèce de
pauſe ou de ſuſpenſion miſe à l'inſtruction d'une affaire ſur quelque point difficile, qui doit être décidé
par la cour avant de paſſer outre.

qu'aura duré cette incapacité. Et tout justicier ou juge signant un ajournement sur toute proposition d'erreur telle que ci-dessus, prendra cautions bonnes & suffisantes pour certitude que le demandeur en erreur suivra son appel jusqu'à jugement, & qu'il répondra des dépens, dommages & intérêts, s'il est débouté.

Section XXIII. **Et** *qu'il soit en outre décrété* qu'une proposition d'erreur telle que ci-dessus, pourra arrêter & faire surseoir à l'exécution, dans les cas seulement où la proposition d'erreur sera communiquée, par une copie qui en sera placée, pour la partie adverse, au greffe où la sentence ou le jugement, dont on se plaindra, restera dix jours pleins, outre les dimanches, après que cette sentence ou ce jugement aura été rendu. Jusqu'à l'expiration duquel terme de dix jours, il ne sera procédé à l'exécution d'aucune sentence dans aucun cas, où une proposition d'erreur y pourra faire surseoir ; & lorsque sur une telle proposition d'erreur, la cour suprême ou la cour de circuit confirmera un jugement ou une sentence, elle adjugera ou décernera au défendeur à l'appel des dommages proportionnés au délai qu'il aura éprouvé, &

lui adjugera les dépens fimples ou doubles, à la difcrétion de la cour.

Section XXIV. Et *qu'il foit en outre décreté* que quand un jugement ou arrêt aura été caffé dans une cour de circuit, cette cour procédera à rendre un jugement ou arrêt tel que la cour de diftrict auroit dû le rendre ; & la cour fuprême en fera de même en cas de caffation, excepté quand la caffation fera en faveur du demandeur ou fuppliant en première inftance, & que les dommages à régler ou l'objet à juger, feront incertains, auquel cas elle renverra la caufe pour être jugée en définitif, & la cour fuprême ne connoîtra point de l'exécution de fes fentences dans les caufes qui auront été renvoyées devant elle par des propofitions d'erreur, mais elle enverra un mandat fpécial à la cour de circuit, pour en ordonner l'exécution.

Section XXV. Et *qu'il foit en outre décrété* que la cour fuprême des Etats-Unis pourra, fur une propofition d'erreur, revifer & confirmer, ou caffer tout jugement ou arrêt définitif, rendu dans la plus haute cour de droit ou

d'équité d'un état, dans laquelle le procès pou-
voit être jugé, quand dans ce procès il s'agira
de difputer de la validité d'un traité ou ftatut
des Etats-Unis ou acte d'autorité exercé fous
les Etat Unis, & que la décifion fera contre
leur validité; ou bien quand il s'agira de difputer de la validité d'un ftatut, d'un état ou
d'un acte d'autorité exercé fous cet acte, fur
le fondement qu'ils répugnent à la conftitution,
aux traités ou loix des Etats-Unis, & que la
décifion fera en faveur de leur validité; ou bien
lorfqu'il s'agira dans ce procès de l'interprétation de quelque claufe de la conftitution ou
d'un traité ou ftatut des Etats-Unis, ou d'une
commiffion tenue fous les Etats-Unis, & que
la décifion fera contre le titre, droit, privilége
ou exemption fpécialement réclamée par l'une
ou l'autre partie, en vertu de cette claufe de
ladite conftitution, dudit traité, ftatut ou de
ladite commiffion ; & fur cette propofition
d'erreur, l'ajournement devra être figné par le
chef jufticier, ou par le juge ou chancelier de
la cour, qui rendra le jugement ou arrêt dont
on fe plaindra, ou par un jufticier de la cour
fuprême des Etats-Unis, de la même manière
& dans les mêmes formes, & l'appel produira

le même effet que si le jugement ou arrêt,
dont on se plaindra, eût été rendu dans une
cour de circuit, excepté que la cour suprême,
au lieu de renvoyer la cause à une décision
definitive, comme il est dit ci-dessus, pourra,
si elle le juge à propos, si la cause a déja été
une fois renvoyée auparavant, procéder à sa
décision définitive, & en ordonner l'exécution.
Mais aucune erreur ne sera prise ou regardée
comme moyen de cassation dans aucun des cas
susdits, à moins qu'elle ne paroisse visiblement
sur l'acte même, & qu'elle ne concerne immédiatement les questions de validité ou d'interprétation de ladite constitution, desdits traités,
statuts ou desdites commissions ou autorités en
litige.

Manière de procéder sur la cassation.

Aucune pro-position d'er-reur que dans les cas sus-mentionnés.

Section XXVI. Et qu'il soit en outre décrété
que dans toutes les actions intentées devant
toute cour des Etats Unis, en recouvrement
d'objets ou sommes spécifiées par quelque clause
d'un contrat, d'une transaction, obligation ou
de tout autre acte obligatoire, lorsque la violation ou non exécution de cette clause, sera
prouvée par défaut ou confession de la part du
défendeur ou sur ses exceptions dilatoires, la

Dans les cas de violation ou non-exé-cution de quelque clau-se obligatoire d'un contrat, la cour rendra jugement conformé-ment à l'é-quité.

cour devant laquelle l'action fera portée, rendra fentence en faveur du défendeur, & lui adjugera ce qui lui fera dû, conformément à l'équité. Et quand la fomme pour laquelle le jugement devroit être rendu, fera incertaine, elle fera fixée par jurés, fi l'une des parties le requiert.

La fomme fixée par ju-rés.

Section XXVII. **Et qu'il** *foit en outre décrété* qu'un maréchal (1) fera nommé dans & pour chaque diftrict, pour le terme de quatre ans, mais qu'il pourra être démis de fon office avant ce temps. Ses fonctions feront d'accompagner & être aux ordres des cours de diftrict & de circuit, fiégeantes dans fon diftrict, & auffi de la cour fuprême dans le diftrict dans lequel cette cour fiégera, & d'exécuter par tout le diftrict tous les ordres légaux qui lui feront prefcrits & donnés fous l'autorité des Etats-Unis; il aura le pouvoir de fe faire donner toute l'affiftance néceffaire pour l'exécution des fonctions de fon office, & de nommer, quand il fera néceffaire,

Un maréchal nommé.

____

(1) Le maréchal eft l'officier qui a, entr'autres fonctions, l'intendance des prifons, & répond de tous les prifonniers.

un ou plufieurs délégués, dont les commiffions feront révocables à la volonté du juge de la cour de diftrict ou de la cour de circuit, quand elle fiégera dans le diftrict ; & avant d'entrer dans l'exercice des fonctions de fon office, il s'obligera envers les Etat-Unis, pardevant le juge de la cour de diftrict, fous la fomme de ving mille dollars à remplir fidélement les fonctions de fon office par lui-même & fes délégués, fous la caution folidaire de deux répondans bons & fuffifans, habitans & francs-tenanciers de ce diftrict, & il prêtera, ainfi que fes délégués, avant d'entrer dans l'exercice de leurs commiffions, le ferment ou l'affirmation ci-après. « Moi, A. B. je jure ou affirme » folemnellement d'exécuter fidélement tous » les ordres légaux qui feront donnés au maré-» chal du diftrict de .... fous » l'autorité des Etats-Unis, & d'en faire les » rapports exacts & de remplir bien & exacte-» ment, & fans animofité ou partialité, toutes » les fonctions de l'office de maréchal, (ou de » délégué du maréchal, fuivant le cas) du dif-» trict de............... durant le temps » que je conferverai ledit office, & de ne pren-

» dre que les droits qui me feront dûs. Ainſi
» Dieu m'aide ».

Section XXVIII. Et *qu'il ſoit en outre décrété*
que dans toutes les affaires où le maréchal, ou
ſon délégué feront partie, les décrets & ordonnances, dans ces mêmes affaires, feront confiés à telle perſonne déſintéreſſée que la cour,
out tout juſticier ou juge de cette cour nommera,
& la perſonne ainſi nommée, eſt autoriſée par
cet acte, à exécuter ces ordres, & à en faire le
rapport. Et en cas de mort d'un maréchal, ſon
délégué, ou ſes délégués continueront à exercer ſon office, à moins qu'ils n'en ſoient d'ailleurs ſpécialement démis, & ils rempliront les
fonctions au nom du défunt, juſqu'à ce qu'un
autre maréchal ſoit nommé & aſſermenté. Et
les délits & méfaits commis dans l'exercice de
cet office par le ou les délégués, durant ce tems,
auſſi bien qu'auparavant, feront jugés une violation de la clauſe de l'obligation contractée,
comme il eſt preſcrit ci-deſſus, par le maréchal
qui les aura nommés. Et l'exécuteur teſtamen-
taire, ou l'adminiſtrateur (1) du défunt-maréchal,

Dans les af-
faires où le
maréchal ſera
partie.

Délits des
délégués.

L'exécuteur
teſtamentai-
re, ou l'ad-

---

(1) L'adminiſtrateur en Amérique, eſt celui qui a

administrateur du défunt maréchal.

àura le même recours pour les délits & méfaits dans l'exercice de ce ou de ces délégués, durant cet intervalle, qu'auroit eu le maréchal, s'il eût conservé la vie & l'exercice de son dit office, jusqu'à la nomination de son successeur, & jusqu'à ce que celui-ci eût prêté le serment ou l'affirmation. Et tout maréchal, ou tout délégué de maréchal, quand il sera révoqué, ou quand

Pouvoir du maréchal après sa révocation.

le terme pour lequel le maréchal aura été nommé expirera, aura le pouvoir néanmoins d'exécuter les ordres qu'il aura entre les mains lors de cette révocation, ou de l'expiration du terme de son office; & le maréchal sera tenu, sous peine d'en répondre, de remettre à son successeur tous les prisonniers qui seront en sa garde lors de sa révocation, ou quand le terme pour lequel il aura été nommé, expirera; & pour cet objet, il pourra retenir ces prisonniers en sa garde, jusqu'à ce que son successeur soit nommé, & qu'il ait rempli les formalités requises par la loi.

Section XXIX. Et qu'il soit en outre décrété

---

l'administration des biens d'un homme mourant *ab inteſtat.*

que

que dans les cas puniſſables de mort, le jugement (1) ſe tiendra dans le comté où le délit
aura été commis, ou quand cela ne ſe pourra
ſans de grands inconvéniens, douze petits jurés
au moins ſeront pris de ce lieu. Et, dans tous
les cas, les jurés qui ſeront employés dans les
cours des Etats-Unis, ſeront, choiſis au ſort,
ou de toute autre manière, dans chaque état
reſpectif, ſuivant le mode actuellement en uſage
d'y former les jurés, autant que les loix de cet
état rendront ce choix pratiquable aux cours
ou maréchaux des Etats-Unis; & les jurés auront les mêmes qualités que celles requiſes par
les loix de l'état duquel ils ſeront citoyens, pour
les jurés employés dans les plus hautes cours de
loi de cet état; & ils ſeront mandés, ſuivant
que beſoin ſera d'eux, de telles parties du diſtrict, alternativement, que la cour fixera, de
la manière la plus favorable pour qu'ils puiſ-
ſent procéder au jugement avec impartialité, de
manière auſſi à ne pas encourir une dépenſe inu-
tile, ou à ſurcharger illégitimement de ce ſer-

Les cas pu-
niſſables de
mort ſeront
jugés dans le
comté.

Les jurés
choiſis par
le ſort.

---

(1) Remarquez encore que jugement ne ſignifie pas
ſeulement l'arrêt, mais l'inſtruction antécédente.

vice, les citoyens de quelque partie du district; & les ordres de *venire facias*, quand ils seront rendus par la cour, se prendront au greffe; & le maréchal, en personne, ou son délégué, les signifieront & en feront leur rapport, ou en cas que le maréchal ou son délégué ne soient pas personnes indifférentes, ou qu'ils soient intéressés à l'événement de cette affaire, l'ordre sera porté par une personne compétente, que la cour nommera spécialement à ce dessein, & à qui elle fera prêter serment ou affirmation de signifier fidèlement & impartialement cet ordre, & d'en faire de même son rapport; & quand, par récusation ou autre cause, le nombre des jurés ne sera pas complet pour prononcer dans une affaire civile ou criminelle, le maréchal ou son délégué, sur l'ordre de la cour dans laquelle cette absence des jurés aura lieu, rameneront des jurés *de talibus circumstantibus* en nombre suffisant pour completter le rôle. Et quand le maréchal ou son délégué seront intéressés à l'événement, les jurés seront ramenés par telle personne désintéressée que la cour nommera.

Section XXX. Et qu'il soit en outre décrété que la manière de prouver par la déposition vocale

& par l'examen (1) des témoins en pleine audience, sera la même dans toutes les cours des
Etats Unis, aussi bien dans le jugement des causes en équité & d'amirauté & jurisdiction maritime, que dans celui des actions intentées en droit
commun. Et quand le témoignage de quelque
personne sera nécessaire dans quelque cause civile, pendante dans un district, à une cour des
Etats Unis, & que cette personne vivra à plus
de cent milles de distance du lieu du jugement,
ou quand avant le temps du jugement elle sera
engagée pour quelque voyage sur mer, ou sur
le point de sortir des Etats-Unis, ou de ce district, pour aller à une plus grande distance que
celle mentionnée ci-dessus, ou quand elle sera
vieille ou très-infirme, la déposition de cette
personne pourra être reçue *de bene esse* par tout
justicier ou juge de toute cour des Etats-Unis, ou
par tout chancelier, justicier, ou juge d'une cour
suprême ou supérieure, par tout maire ou premier magistrat d'une ville ou tout juge d'une

Déposition
de bene esse.

----

(1) C'est plutôt un examen qu'un audition de
de témoins; car le juge & ensuite le conseil de la
partie adverse peuvent faire aux témoins toutes sor-
tés de questions pour atténuer la déposition.

(244)

cœur de comté ou d'une cour de plaids communs
de l'un des Etats Unis, si toutefois ce magiftrat n'eft pas confeil ou procureur de l'une des
parties, ou intéreffé à l'événement du procès,
& pourvu que le magiftrat qui recevra la dépo-
Avis en fera donné à la partie adverfe fition le notifie à la partie adverfe, afin qu'elle
y foit préfente, & qu'elle interroge le dépofant,
fi elle juge à propos, laquelle notification fera
fignifiée à ladite partie adverfe, ou à fon procureur, felon que l'un ou l'autre demeurera le
plus près; fi tous les deux ne demeurent pas à
plus de cent milles du lieu où fera reçue la dépofition; & après la fignification faite, il leur
fera accordé du temps pour comparoître à raifon
d'un jour au moins par chaque vingt milles de
Caufes d'a-mirauté & de jurifdiction maritime diftance. Et dans les caufes d'amirauté & de jurifdiction maritime, ou autres cas de faifie,
quand une pourfuite fera commencée fur une
plainte dans laquelle la partie adverfe ne fera
pas nommée, & que des dépofitions de perfonnes placées dans les circonftances ci-deffus, feront prifes avant qu'on ait réclamé la chofe faifie, même avis que ci-deffus en fera donné à
Avis en fera donné à l'a-gent. la perfonne ayant la charge ou jouiffance de
la propriété faifie lors de la capture, ou faifie
de cette propriété, fi cette perfonne eft con-

nus du pourfuivant, & toute perfonne dépofant comme ci-deffus , fera examinée avec foin
& prévenue (1) , & elle prêtera ferment ou affirmation de témoigner fuivant la pure vérité , &
elle fignera fa dépofition après qu'elle aura été
prife par écrit, ce qui ne pourra être fait que par
le magiftrat re.evant la dépofition, ou par le
dépofant, en fa préfence. Et ce magiftrat gar-
dera pardevers lui les dépofitions ainfi reçues, Les dépofi-
tions rete-
nues.
Jufqu'à ce qu'il les remette, de fa propre main,
en la cour pour laquelle elles auront été reçues,
ou bien, ledit magiftrat les cachetera & les enverra adreffées à cette cour. avec un certificat
des raifons ci deffus pour lefquelles elles auront
été prifes, & de l'avis donné à la partie adverfe,
fi aucun l'a été; & ce paquet reftera fous fon ca-
chet, jufqu'à ce qu'il foit ouvert à l'audience ;
& toute perfonne pourra être forcée à comparoître & à dépofer comme ci-deffus, de la même
manière qu'elle pourra l'être, à comparoître &
à témoigner à l'audience. Et fi dans le jugement
d'une caufe d'amirauté ou de jurifdiction mari-

---

(1) C'eft-à-dire , avertie des peines auxquelles elle
s'expofe fi fa dépofition n'eft pas conforme à la vérité.

time, dans une cour de diſtrict dont la ſentence pourra être ſujette à appel, l'une des deux
parties expoſe & démontre à la cour, que probablement il ne ſera pas en ſon pouvoir de produire à la cour de circuit, en cas d'appel, les témoins qui dépoſent devant elle, & ſi cette partie conclut à ce que leur déclaration ſoit priſe
par écrit, la déclaration ſera priſe par écrit, par
le greffier de la cour. Et en cas d'appel, ce témoignage vaudra pour le jugement; s'il appert
à la cour qui jugera l'appel, que les témoins
ſont alors morts ou ſortis des Etats Unis, ou à
une plus grande diſtance que ce.. ci-devant
dite du lieu où la cour ſiégea, ou
par raiſon de vieilleſſe, maladie, infirmité
corporelle ou empriſonnement, ils ſont hors
d'état de voyager & de comparoir, mais autrement, ce témoignage ne vaudra pas. Et à moins
qu'on ne juſtifie de ces cauſes d'abſence, lors du
jugement de toute affaire, quant aux témoins
ſeulement dont les dépoſitions auroient déjà pu
être priſes, ces dépoſitions ne ſeront pas admiſes,
ou ne vaudront point dans l'affaire; *pourvu* que
rien ici ne ſera interprété de manière à empêcher aucune cour des Etats Unis, d'accorder un
dedimus poteſtatem, de prendre des dépoſitions

conformément au commun ufage, lorfque cela pourra être néceffaire, pour prévenir un manque ou délai de juftice; elles jouiront toutes féparément de ce pouvoir, mais il ne s'étendra pas aux dépofitions prifes *in perpetuam rei memoriam*, lefquelles dépofitions, fi elles ont rapport à des affaires, dont toute cour des Etats-Unis pourra connoître, feront prifes conformément aux ufages en équité, & fur les ordres d'une cour de circuit, procédant comme cour d'équité, fur la requifition d'une ou de plufieurs des parties.

Section XXXI. Et qu'il foit en outre décrété que quand un procès fera pendant dans une cour des Etats-Unis, & que l'une des parties mourra avant le jugement définitif, l'exécuteur teftamentaire ou adminiftrateur du défunt qui étoit demandeur, fuppliant ou défendeur, en cas que la caufe d'action furvive de droit, aura plein pouvoir de fuivre ce procès ou cette action, ou d'y défendre jufqu'à jugement définitif. Et le ou les défendeurs font obligés, par cet acte, à produire en conféquence; & cet acte donne pouvoir & enjoint à la cour devant laquelle ce procès fera pendant, de l'entendre, de le vuider

Q 4

Marginal notes:

comme à l'ordinaire.

L'exécuteur ou adminiftrateur pourra fuivre & défendre.

& de prononcer pour ou contre l'exécuteur ou administrateur, comme le cas le requérera. Et si cet exécuteur ou cet administrateur, vingt jours après qu'il lui aura été duement signifié un *scire facias*, délivré au greffe de la cour où le procès sera pendant, néglige ou refuse de devenir partie au procès, la cour pourra prononcer jugement contre les biens de la partie défunte, comme si l'exécuteur ou administrateur s'étoit volontairement constitué partie au procès. Et l'exécuteur ou administrateur qui deviendra partie, comme il est dit ci-devant, pourra, sur ses conclusions à la cour où le procès sera pendant, faire renvoyer ledit procès à la prochaine session de ladite cour. Et s'il y à deux ou plusieurs demandeurs ou défendeurs, & que l'un ou plusieurs d'entre eux meurent, si la cause d'action continue d'avoir lieu en faveur du demandeur ou des demandeurs survivans, ou contre le défendeur ou les défendeurs survivans, la demande ou action ne tombera pas pour cela, mais l'acte de cette mort étant enrégistré, l'action continuera sur les poursuites du demandeur ou des demandeurs survivans, contre le défendeur ou les défendeurs survivans.

Section XXXII. Et qu'il foit en outre décrété

qu'aucunes affignations, demandes, qu'aucun exploit, rapport, décret, jugement, ou qu'aucune autre procédure dans les caufes civiles, dans aucune des cours des Etats-Unis, ne tomberont, ne feront fufpendus; annullés ou caffés pour aucun défaut ou manque de forme, mais que lefdites cours procéderont & rendront arrêt conformément au bon droit & à la juftice de la caufe, fans s'arrêter à aucune imperfection, à aucun défaut ou manque de forme dans cette demande ou autre plaidoirie, dans cet exploit, rapport, décret, jugement, ou dans cette fuite de procédures telles qu'elles foient, excepté aux défauts de forme ou imperfections dans les cas d'exceptions dilatoires (1), ou la partie qui excipera, les joindra à fa demande, & les expofera comme la caufe de fes exceptions. Et lefdites cours, refpectivement, pourront corriger & corrigeront de temps à autre, en vertu de cet acte, toutes ces imperfections, tous ces défauts & manques de forme, excepté feulement ceux dans les cas d'exceptions, que la partie qui ex-

Les procédures ne feront point annullées par défauts de forme.

Les cours pourront corriger les imperfections.

____

(1) Il s'agit encore ici de *demurrer*. *Voyez* la note un peu plus haut.

cipera , proposera comme il eſt dit ci-deſſus. Et
elles pourront , en tout temps , permettre à l'une
ou à l'autre partie de corriger tout défaut dans
la procédure ou les plaidoiries , ſous telles conditions que leſdites cours ordonneront reſpectivement à leur diſcrétion & par leurs réglemens.

Les crimi-
nels contre
les états-unis
arrêtés par
tout juge de
paix.

Section XXXIII. Et qu'il ſoit en outre décrété
que pour tout crime ou délit contre les Etats-
Unis , le délinquant pourra être arrêté par les
ordres de tout juſticier ou juge des Etats Unis ,
ou par tout juge de paix ou autre magiſtrat de
celui des Etats Unis , dans lequel ledit délinquant ſera trouvé , ſuivant la manière ordinaire
de procéder contre les délinquans dans cet état
& aux frais des Etats-Unis , & qu'il ſera em-
priſonné ou qu'il fournira caution , ſuivant le
cas , pour être jugé dans la cour des Etats-
Unis , à laquelle cet acte aura attribué la connoiſſance du délit : & copie des procédures ſera
envoyée auſſi tôt que faire ſe pourra , au greffe

Les foumiſ-
ſion ſeront
envoyées au
greffe.

de ladite cour , avec les ſoumiſſions des témoins
pour comparoître & témoigner dans la cauſe ,
& le juge devant lequel ſe fera l'examen ,

pourra exiger l'exécution desdites soumissions,
sous peine d'emprisonnement. Et si cet emprisonnement du délinquant ou des témoins a lieu
dans un district autre que celui dans lequel le
délit sera jugé, le juge du district dans lequel
ledit emprisonnement aura eu lieu, sera tenu
de donner au temps convenable, un ordre que
le maréchal du même district sera tenu de
mettre à exécution, pour transférer le délinquant & les témoins, ou l'un d'eux, suivant
le cas, dans le district où le délit sera jugé.
Et toute personne arrêtée en matière cr minelle
pourra donner caution (a), excepté lorsque le
délit sera susceptible d'être puni de mort, auquel cas la caution ne sera reçue que par la
cour suprême ou la cour de circuit, ou par un
justicier de la cour suprême ou un juge d'une
cour de district, qui refuseront ou admettront
la caution, suivant qu'ils croiront devoir le faire,
d'après la nature & les circonstances du délit
& des preuves, & les usages de droit ; & si une

---

(1) En Angleterre comme en Amérique, l'homme
qui peut fournir caution jouit de la liberté.

Caution ; commentelle fera reçue.

perfonne emprifonnée par ordre d'un juſticier de la cour fuprême ou d'un juge d'une cour de diſtrict, pour un délit non puniſſable de mort, trouve par la ſuite une caution, & qu'il n'y ait aucun juge des Etats-Unis dans le diſtrict pour la recevoir, elle pourra être reçue par tout juge de la cour fuprême ou fupérieure de juſtice de cet état.

Les loix des Etats-Unis feront règle de décifion.

Section XXXIV. Et qu'il ſoit en outre décrété, que les loix des difſérens états, excepté lorſque la conſtitution, les traités ou les ſtatuts des Etats-Unis en ordonneront ou y pourvoiront autrement, ſeront regardées comme règles de décifion dans les procès en droit commun dans les cours des Etats-Unis, dans tous les cas où ces loix feront applicables.

Les parties dirigeront leurs propres caufes.

Section XXXV. Et qu'il ſoit en outre décrété que dans toutes les cours des Etats-Unis, les parties pourront plaider & diriger leurs propres affaires perſonnellement, ou par l'aſſiſtance de tels avocats ou procureurs à qui les règlemens deſdites cours reſpectives permettront

de diriger & conduire les affaires pendantes,
par-devant elles. Et il fera nommé dans cha-
que diftrict, une perfonne compétente & inf-   Procureur
truite en jurifprudence, qui prêtera ferment   pour chaque
                                                 diftrict.
ou affirmation de remplir fidélement fon office,
& dont les fonctions confifteront à pourfuivre
dans ce diftrict tous les délinquans pour crimes
& délits qui devront être pourfuivis fous l'autorité des Etats Unis feront concernés, excepté
par-devant la cour fuprême, dans le. diftrict
où fe tiendra cette cour ; & il recevra comme
compenfation de fes fervices, les droits qui
lui feront paffés en taxe pour ces mêmes fervices par les cours refpectives, devant lefquelles
ces procès ou pourfuites auront lieu. Et il fera
auffi nommé une perfonne compétente, inftruite
en jurifprudence pour faire les fonctions de
procureur-général des Etats Unis ; cette per-   Procureur-
                                                  général.
fonne prêtera ferment ou affirmation de remplir fidèlement fon office ; & fes fonctions
confifteront à fuivre & diriger tous les procès
dans la cour fuprême dans lefquels les Etats-
Unis feront concernés & à donner fon avis &
opinion fur des queftions de droit, quand il

en fera requis par le préfident des Etats Unis ;
ou quand il fera prié de le faire par les chefs
de quelqu'un des départemens, relativement à
quelqu'objet qui concernera leur département ;
& il recevra pour fes fervices une compenfation telle que la loi l'ordonnera.

FRÉDÉRICK AUGUSTE MULHENBERG,
orateur de la chambre des repréfentans.

JEAN ADAMS, vice-préfident des Etats-
Unis, & préfident du fénat.

Approuvé le 24 Septembre 1789.

GEORGE WASHINGTON, préfident des
Etats-Unis.

CHAPITRE XXI.

*Acte pour régler les procès dans les cours des
Etats-Unis.*

*Section Iere. Qu'il foit paffé en acte par le
fénat & la chambre des repréfentai. des Etats-
Unis d'Amérique, affemblés en Congrès, que*

tous les exploits & décrets qui émaneront d'une cour suprême ou de circuit, porteront l'attestation du chef justicier de la cour suprême, & que lorsqu'ils émaneront d'une cour de district, ils porteront l'attestation du juge de cette cour, & qu'ils seront scellés du sceau & signés par le greffier de la cour de laquelle ils émaneront. Les sceaux de la cour suprême Les sceaux & des cours de circuit, seront fournis par la cour suprême, & ceux des cours de district, par les juges respectifs de ces cours.

Section II. Et *qu'il soit en outre décrété* que jusqu'à ce qu'il y soit pourvu par la suite, & excepté dans le cas où il y sera pourvu autrement par cet acte ou autres statuts des Etats-Unis, les formes des assignations, & des exploits pour exécuter un jugement, excepté Les formes de décrets seront les mêmes que dans les états respectifs. leur style, & les manières de procéder & les taux des droits, excepté les épices des juges, seront les mêmes dans chaque Etat, respectivement dans les cours de circuit & de district, dans les procès en droit commun, que celles en usage & ceux actuellement alloués dans les cours suprêmes de ces Etats, & les formes & modes de procédures dans les causes d'équité

Les procédures en amirauté conformes à celles de droit civil.

& d'amirauté & jurisdiction maritime , seront conformes à celles en droit civil : & les taux des droits seront les mêmes que ceux qui sont ou qui étoient dernièrement alloués par les Etats respectifs, dans la cour exerçant la jurisdiction suprême dans ces causes. *Pourvu*, que sur des jugemens dans toutes les causes susdites où différentes espèces d'exploits pour exécuter le jugement pourront être prises à la suite l'une de l'autre , lorsqu'un *Capias ad satisfaciendum* (1) sera du nombre, le demandeur aura le droit de prendre d'abord un *Capias ad satisfaciendum* & de suivre sur cet exploit jusqu'à ce qu'on lui ait fait des offres réelles en or ou en argent de la dette & des dépens.

Durée de l'acte.

Section **III.** *Et qu'il soit en outre décrété* que cet acte aura force de loi, jusqu'à la fin de

---

(1) Un *capias ad satisfaciendum* est un décret de prise de corps, par lequel la cour ordonne au shériff de s'emparer du débiteur, & de le tenir en prison jusqu'à ce qu'il ait satisfait son créancier, lorsque la cour a jugé que la dette étoit exigible.

la

la prochaine session du Congrès, & pas plus.

FRÉDÉRICK AUGUSTE MULHEMBERG,
orateur de la chambre des représentans.

JEAN ADAMS, vice-président des Etats-
Unis, & président du sénat.

Approuvé le 29 Septembre 1789.

GEORGE WASHINGTON, président des
Etats-Unis.

CHAPITRE XXII.

*Acte pour expliquer & corriger un acte intitulé :
Acte pour l'enregistrement & l'acquit des vaisseaux, le règlement du cabotage, & pour
autres objets.*

Section Iere. Qu'il soit passé en acte par le
sénat & la chambre des représentans des Etats-
Unis d'Amérique assemblés en Congrès, que
quand quelques productions, denrées ou marchandises de crû ou manufacture étrangère
seront déchargées de quelques vaisseaux ou
navires en vertu d'une permission obtenue pour

Les mar-
chandises dé-
chargées avec
permission &
transportées

R

cet objet & seront chargées sur quelque bé-landre ou navire afin d'être transportées à quelqu'autre lieu de débarquement dans le même district, où l'inspecteur ou autre officier veillant au déchargement de ces productions, denrées ou marchandises, sera tenu de déli-vrer au maître ou capitaine de cette bélandre ou de ce navire, un certificat pour attester que ces productions, denrées ou marchandises ont été duement déclarées, & qu'il a été accordé une permission pour les transporter; & ce cer-tificat contiendra une description de toutes les balles, avec leurs marques & numéros, & autorisera leur transportation & débarque-ment dans tout lieu de débarquement du même district, sans aucun autre droit ou au-cune autre permission ultérieure, nonobstant tout ce qu'il peut y avoir de contraire dans ledit acte énoncé.

Section II. Et qu'il soit en outre décrété que la clause de la vingt-deuxième section dudit acte énoncé, qui exempte de faire aucune déclaration & aucun acquit durant le terme d'un an, tout navire de moins de vingt ton-neaux de port & de plus de cinq inclusivement, faisant le commerce de district à district dans toute baye ou rivière des Etats-Unis & ayant un privilége du receveur du diſtrict auquel ce navire appartiendra, ſera étendue aux navires dont le port ne paſſera pas cinquante tonneaux : *Pourvu* que ces navires n'aient pas à bord de productions, denrées ou marchandiſes autres que celles réellement de crû ou de produit des Etats-Unis.

Section **III.** *Et qu'il ſoit en outre décrété* que la clauſe d'un acte intitulé : » Acte pour régler » la perception des droits impoſés par la loi ſur » le tonnage des vaiſſeaux ou navires & » ſur les productions, denrées ou marchan- » diſes importées dans les Etats Unis « qui eſtime le rouble de Ruſſie à cent cents, ſera & demeure par ce préſent acte, caſſée, annullée & ſans force.

> Frederick Auguste Mulhenberg, orateur de la chambre des repréſentans.

> Jean Adams, vice préſident des Etats- Unis, & préſident du ſénat.

Approuvé le 29 Septembre 1789.

> George Washington , préſident des Etats Unis.

R 2

CHAPITRE XXIII.

*Acte fixant des sommes pour le service de la pré-
sente année.*

Qu'il soit passé en acte par le sénat & la chambre des représentans des Etats-Unis d'Amérique, assemblés en Congrès, que les sommes ci-après seront destinées au service de la présente année, & seront prises sur l'argent qui proviendra, soit des demandes faites précédemment aux différens Etats, soit des droits d'entrée & de tonnage; savoir : une somme n'excédant pas deux cents seize mille dollars, pour solder les dépenses de la liste civile, sous le dernier & le présent gouvernement, une somme n'excédant pas cent trente-sept mille dollars, pour solder les dépenses du département de la guerre, une somme n'excédant pas cent quatre-vingt-dix mille dollars pour acquitter les ordonnances émanées de la dernière cour de trésorerie, & non acquittées encore; une somme n'excédant pas quatre-vingt seize mille dollars, pour payer les pensions aux invalides.

FREDERIC AUGUSTE MULHENBERG, orateur de la chambre des représentans.

JEAN ADAMS, vice-président des Etats-Unis & président du sénat.

Approuvé le 29 Septembre 1789.

GEORGE WASHINGTON, président des Etats-Unis.

CHAPITRE XXIV.

Acte pourvoyant au paiement des pensionnaires invalides des Etats-Unis.

Qu'il *soit passé en acte par le sénat & la chambre des représentans des Etats-Unis d'Amérique assemblés en Congrès,* que les pensions militaires, qui, conformément aux actes des Etats-Unis, assemblés en Congrés, ont été accordées & payées par les états, respectivement aux invalides blessés, ou mis hors d'état de servir durant la dernière guerre, seront continuées & payées par les Etats-Unis, pendant l'espace

R 3

d'un an, à compter du quatre mars dernier, fous
les réglemens que le préfident des Etats-Unis
ordonnera.

FREDERICK AUGUSTE MULHENBERG,
orateur de la chambre des repréfentans.

JEAN ADAMS, vice-préfident des
Etats-Unis & préfident du fénat.

Approuvé le 29 Septembre 1789.

GEORGE WASHINGTON, préfident
des Etats-Unis.

CHAPITRE XXV.

*Acte pour reconnoître & adapter à la conftitution
des Etats-Unis, l'établiffement des troupes
levées en vertu des réfolutions des Etats-Unis
affemblés en Congrés, & pour autres objets
y mentionnés.*

Section Iere. Qu'il foit paffé en acte par le
fénat & la chambre des repréfentans des Etats-
Unis d'Amérique affemblés en Congrés, que l'é-
tabliffement contenu dans la réfolution du dernier Congrés, du trois octobre mil fept cent

Etabliffe-
ment du 3 oc-
tobre 1787,
reconnu pour
les troupes
au fervice des
Etats-Unis.

(263)

quatre-vingt-sept, excepté, quant à la manière
de nommer les officiers, & aussi, quant à ce qui
est ordonné ci après, sera & demeurera, par cet
acte, reconnu être l'établissement pour les troupes au service des Etats-Unis.

Section II. Et *qu'il soit en outre décrété* que
la paie & les appointemens desdites troupes, seront les mêmes que ceux fixes par les Etats-Unis
assemblés en Congrés, par leur résolution du
douze avril mil sept cent quatre-vingt-cinq.

Section III. Et *qu'il soit en outre décrété* que
tous les officiers avec & sans commission, & les
particuliers qui sont ou qui feront au service des
Etats-Unis, prêteront les sermens ou affirmations
ci-après ; savoir : « Moi, A. B. je jure ou affirme
» solemnellement (suivant le cas) que je main-
» tiendrai la constitution des Etats-Unis ; » « moi,
» A. B. je jure ou affirme solemnellement (sui-
» vant le cas) que je reconnoîtrai les Etats Unis
» d'Amérique, & leur serai soumis, & que je
» les servirai honnêtement & fidèlement contre
» tous leurs ennemis ou adversaires, quels qu'ils
» soient, & que je me conformerai & obéirai

R 4

» aux ordres du préſident des Etats-Unis d'Amé-
» rique, & aux ordres des officiers placés au-
» deſſus de moi. »

Section IV. *Et qu'il ſoit en outre décrété* que leſdites troupes ſeront gouvernées par les règles & articles de guerre qui ont été établis par les Etats-Unis aſſemblés en Congrés, ou par les règles & articles de guerre qui pourront être, par la ſuite, établis par la loi.

Les troupes feront gouvernées par les règles & articles de guerre.

Section V. *Et qu'il ſoit en outre décrété* qu'afin de protéger les habitans des frontières des Etats-Unis, des incurſions hoſtiles des Indiens, le préſident eſt autoriſé, par cet acte, à appeller au ſervice de temps à autre, telle partie de la milice des états reſpectifs, qu'il jugera néceſſaire pour l'objet ſuſdit, & que la paie & ſubſiſtance de ces milices, tandis qu'elles ſeront au ſervice, ſera la même que la paie & ſubſiſtance des troupes ci-deſſus mentionnées.

Pour protéger les frontières, le préſident pourra convoquer les milices.

Leur paie & ſubſiſtance.

Section VI. *Et qu'il ſoit en outre décrété* que cet acte continuera & aura force de loi juſqu'à la

Durée de cet acte.

fin de la prochaine feffion du Congrès , & pas plus.

FREDERICK AUGUSTE MULHENBERG orateur de la chambre des repréfentans.

JEAN - ADAMS, vice - préfident des Etats Unis & préfident du fenat.

Approuvé le 29 Septembre 1789.

GEORGE WASHINGTON, préfident des Etats-Unis.

CHAPITRE XXVI.

Acte pour accorder au baron de Glaubeck la paie de capitaine dans l'armée des Etats-Unis.

Qu'il foit paffé en acte par le fénat & la chambre des repréfentans des Etats-Unis d'A-mérique affemblés en Congrès, que la paie de capitaine dans l'armée des Etats-Unis, fera al-louée au baron de Glaubeck, à compter du neuf mars mil fept cent quatre-vingt-un, jufqu'au vingt-quatre Août mil fept cent quatre-vingt-deux, & qu'elle fera payée de la même manière que les autres officiers étrangers au service des Etats-Unis ont été payés.

FRÉDÉRICK-AUGUSTE MULHENBERG, orateur de la chambre des représentans.

JEAN ADAMS, vice-président des Etats-Unis, & président du sénat.

Approuvé le 29 Septembre 1789.

GEORGE WASHINGTON, président des Etats-Unis.

CHAPITRE XXVII.

Acte pour changer l'époque de la prochaine assemblée du Congrés.

Qu'il soit passé en acte par le sénat & la chambre des représentans des Etats-Unis d'Amérique assemblés en Congrés, qu'après l'ajournement de la présente session, la prochaine assemblée du Congrés sera le premier lundi de janvier prochain.

FRÉDÉRICK-AUGUSTE MULHENBERG, orateur de la chambre des représentans.

JEAN ADAMS, vice président des Etats-Unis, & président du sénat.

Approuvé le 29 Septembre 1789.

GEORGE WASHINGTON, président des Etats-Unis.

CONGRÈS DES ÉTATS-UNIS,

Commencé & tenu dans la ville de New-York, le mercredi 4 mars 1789.

Résolu que l'arpentage ordonné par le Congrès dans son acte du 6 juin 1788, soit fait & apporté au sectétaire de la trésorerie, sans délai, & que le président des Etats-Unis soit supplié de nommer une personne compétente pour l'exécuter, à laquelle personne il sera alloué cinq dollars par jour, tandis qu'elle sera occupée effectivement audit ouvrage, outre les dépenses qu'entraînera nécessairement son exécution.

FREDERICK AUGUSTE MULHENBERG, orateur de la chambre des représentans.

JEAN ADAMS, vice-président des Etats-Unis & président du senat.

Approuvé le 26 août 1789.

GEORGE WASHINGTON, président des Etats-Unis.

(268)

Résolu par le sénat & la chambre des repré-
sentans de Etats Unis d'Amérique assemblés en
Congrès, qu'il soit recommandé aux législatures des différens états de passer des loix qui
enjoindront expressément aux concierges de
leurs prisons d'y recevoir & garder sûrement
tous les prisonniers qui y seront amenés en
vertu de l'autorité des Etats-Unis, jusqu'à ce
qu'ils soient duement élargis par le cours des
loix desdits Etats-Unis ; & cela, sous les mêmes
peines que dans le cas de personnes emprison-
nées sous l'autorité des loix de ces états respectivement ; les Etats-Unis paieront pour l'u-
sage de ces prisons & cette garde, sur le taux
de 50 cents par mois pour chaque prisonnier
qui y sera mis sous leur autorité, durant le
tems que ces prisonniers y resteront, &
ils paieront aussi pour la subsistance de ceux
desdits prisonniers qui y seront mis pour
crimes.

FREDERICK AUGUSTE MULHENBERG,
orateur de la chambre des représentans.
JEAN ADAMS, vice-président des
Etats-Unis & président du sénat.
Approuvé le 23 septembre 1789.
GEORGE WASHINGTON, président des
Etats-Unis.

Résolu que le secrétaire d'état soit tenu de se procurer de tems à autre ceux des statuts des différens états qui ne seront pas dans ses bureaux.

FREDERICK AUGUSTE MULHENBERG, orateur de la chambre des représentans.

JEAN ADAMS, vice-président des Etats-Unis, président du sénat.

Approuvé le 23 septembre 1789.

GEORGE WASHINGTON, président des Etats-Unis.

Résolu par le sénat & la chambre des représentans des Etats Unis d'Amérique, assemblés en Congrès, que Jean White, derniérement commissaire pour régler les comptes entre les Etats-Unis & les états de Pensilvanie, Delaware & Maryland, & ses commis Jean Wright & Joshué Dawson soient considérés comme ayant été en office jusqu'au 4 février 1789.

FREDERICK - AUGUSTE MULHENBERG, orateur de la chambre des représentans.

JEAN ADAMS, vice-président des Etats-Unis, & président du sénat.

Approuvé le 29 septembre 1789.

GEORGE WASHINGTON, président des Etats-Unis.

CONGRÉS DES ÉTATS-UNIS,

Commencé & tenu dans la ville de New Yorck, le mercredi 4 mars 1789.

Les conventions d'un certain nombre des états ayant, à l'époque où elles ont adopté la constitution, exprimé le défir, pour prévenir la fauffe interprétation ou l'abus de fes pouvoirs, qu'il y foit ajouté des claufes ultérieures, déclaratoires & reftrictives; & l'extenfion des fondemens de la confiance publique dans le gouvernement devant mieux affurer les fins bjenfaifantes de fon inftitution.

Il eft *réfolu* par le fénat & la chambre des repréfentans des Etats-Unis d'Amérique, affemblés en Congrès, avec le concours de deux tiers des deux chambres, que les articles fuivans foient propofés aux légiflateurs des différens états comme amendemens à la conftitution des Etats-Unis, pour que partie de ces articles, ou tous ces articles, quand ils feront ratifiés par les trois quarts defdites légiflatures, aient force de loi fous tous points & égards, comme partie de ladite conftitution.

ARTICLES en addition & en amendement à la constitution des Etats-Unis d'Amérique, proposés par le Congrès, & ratifiés par les législatures des differens états, conformément au cinquième article de la constitution originale.

ARTICLE Ier.

Après le premier dénombrement ordonné par le premier article de la constitution, il y aura un représentant pour chaque trente mille personnes, jusqu'à ce que le nombre des représentans monte à cent; après quoi, la proportion sera réglée par le Congrès, de manière qu'il n'y ait pas moins de cent représentans, ni moins d'un représentant pour chaque quarante mille personnes, jusqu'à ce que le nombre de représentans monte à deux cents; après quoi, la proportion sera réglée par le Congrès, de manière qu'il n'y ait pas moins de deux cents représentans, ni plus d'un représentant pour chaque 50 mille personnes.

ART. II.

Aucune loi, pour changer la compensation pour les services des sénateurs & représentans, ne fera paſſée, juſqu'à ce qu'une élection de repréſentans ait eu lieu auparavant.

A r t. I I I.

Le Congrès ne fera aucune loi concernant un établiſſement de religion, ou pour en défendre le libre exercice, ou pour diminuer la liberté de la parole ou de la preſſe, ou le droit du peuple de s'aſſembler paiſiblement, & de préſenter des pétitions au gouvernement pour réformation d'abus.

A r t. I V.

Une milice bien réglée étant néceſſaire à la ſûreté d'un état libre, le droit du peuple d'avoir ou de porter des armes, ſera reſpecté.

A r t. V.

Aucun ſoldat, en tems de paix, ne ſera logé dans aucune maiſon, ſans le conſentement du propriétaire, ni en tems de guerre, ſinon de la manière que la loi preſcrira.

A r t. V I.

Le droit du peuple d'être à l'abri dans leurs perſonnes, leurs maiſons, leurs papiers & leurs effets de toutes ſaiſies & recherches injuſtes,

ne fera point violé ; & aucun ordre ne fera
délivré, qu'il ne foit fondé fur une caufe pro-
bable , appuyé par ferment ou affirmation,
& qu'il ne décrive particuliérement le lieu à
vifiter, & les perfonnes ou chofes à faifir.

A r t. V I I.

Nul ne fera tenu de défendre à un crime
capital ou tout autre crime infamant, finon fur
la dénonciation ou l'accufation d'un grand juré,
except. dans les cas qui auront lieu dans l'armée de terre, ou de mer, ou dans la milice,
quand elle fera en fervice effectif, en tems de
guerre ou de danger public ; nul ne fera expofé
pour le même délit, à courir deux fois le rifque
de perdre la vie ou quelque membre, ni ne fera
forcé dans une caufe criminelle d'être témoin
contre lui-même, ni privé de la vie, de la liberté ou de fa propriété, fans être jugé juridiquement ; & nulle propriété particulière ne
fera prife pour l'utilité publique, fans un jufte
dédommagement.

A r t. V I I I.

Dans toute pourfuite criminelle l'accufé jouira
du droit d'être jugé promptement & publique-

ment par des jurés impartiaux de l'état & du diftrict où le crime aura été commis, lequel diftrict aura été préalablement déterminé juridiquement, ainfi que du droit d'être informé de la nature & de la caufe de l'accufation ; d'être confronté avec les témoins contre lui ; d'obtenir une ordonnance pour faire comparoître des témoins en fa faveur, & d'avoir l'affiftance d'un confeil pour fa défenfe.

A r t. I X.

Dans les procès en droit commun, où la valeur en litige paffera vingt dollars, le droit d'être jugé par jurés fera confervé ; & aucun fait jugé par des jurés ne fera revifé dans aucune cour des États-Unis, que conformément aux réglemens de droit commun.

A r t. X.

Il ne fera point exigé de caution exceffive, impofé d'amende exceffive, ni infligé d'emprifonnement cruel ou extraordinaire.

A r t. X I.

L'énumération de certains droits dans la conftitution ne fera point interprétée comme un déni ou comme un mépris d'autres droits retenus par le peuple.

A r t. X I I.

Les pouvoirs que la conftitution ne délègue
pas aux Etats-Unis, ou qu'elle n'interdit pas aux
états, font confervés aux états refpectivement
ou au peuple.

FREDERICK-AUGUSTE MULHENBERG,
orateur de la chambre des repréfentans.

JEAN ADAMS, vice-préfident des Etats-
Unis, & préfident du fénat.

Attefté, JEAN BECKLEY, greffier de la chambre
des repréfentans.

SAMUEL A. OTIS, fecrétaire du fénat.

TABLE
DES MATIERES.

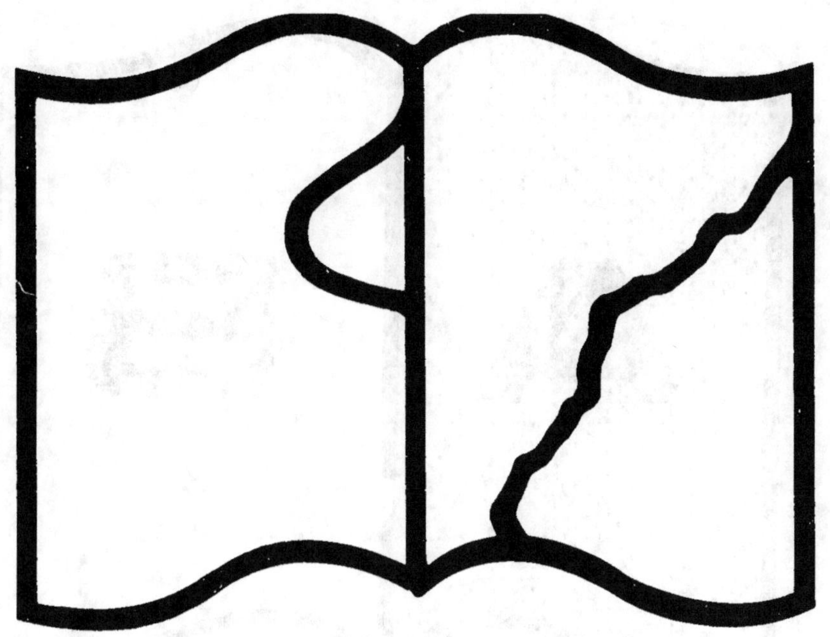

Texte détérioré — reliure défectueuse

NF Z 43-120-11

Contraste insuffisant

NF Z 43-120-14